ちくま文庫

おじさん・おばさん論

海野弘

筑摩書房

おじさん・おばさんは、両親による直線的継承とはちがい、斜めに文化や知識を伝える。そのことは、他者の子どもに文化や知識を伝えられるか、を問いかけている。それは私と他者の間に、斜めに橋を架けることなのだ。

目次

第三章　おじさん・おばさん一〇〇人

おじさん・おばさん論

プロローグ

おじさん・おばさんについて書いてみたい。なぜなら今日では、おじさん・おばさんはあまりに不当にあつかわれているからである。だれもおじさん・おばさんになりたがらず、なることをおそれている。

おじさん・おばさんについてはほとんどろくなイメージがない。おじさんはくさく、おばさんはださい。だから、いかにしたらおじさん・おばさんにならないかを女性誌、男性誌が特集し、本が書かれる。

しかしだれでも年をとり、やがておじさん・おばさんになる。

なぜおじさん・おばさんはそれほどおとしめられ、馬鹿にされなければならないのだろうか。おそらく私たちは、おじさん・おばさんを馬鹿にすることで、なんとか自分を守ろうとするような社会にいるのだ。馬鹿にされているおじさん・おばさんのイメージとは私たちの未来に他ならない。私たちは未来をおそれ、今の時にしがみつこうとする。だがその時は一瞬のうちに過ぎ去ってしまう。

私たちは実は、おじさん・おばさんから多くの大事なものを贈られたのではなかったろうか。だが多くの人がそのことを忘れてしまっている。おじさん・おばさんの思い出を持たない人は、自らおじさん・おばさんになった時、若い人たちになにかを贈ることを知らない。だからなにかを伝えることができない。

伝えるべきなにかを、〈文化〉といってもいいかもしれない。おじさん・おばさんが伝えてくれたものをおぼえている人は、自分がおじさん・おばさんになった時、それを次の世代に伝えることを思い出すのだ。

私はおじさん・おばさんを、〈文化〉を伝えるのにある役割を果す人と考えている。おじさん・おばさんを拒否するのは、彼らの贈物を受取ることができず、また、次にも伝えられないことなのだ。私たちはあまりに今だけにしがみついて、おじさん・おばさんが伝えてくれたものを忘れてしまい、それを伝えることも忘れているのではないだろうか。

そのように失われている、さまざまな、おじさん・おばさんの思い出を集めて、彼らの伝えてくれたものについて語っていきたい。

まず話の枕としてトルーマン・カポーティの「クリスマスの思い出」という短篇をとりあげよう。カポーティの作品の中でも私はこれが一番好きだ。もしかすると、おじさん・おばさん論を書きたいと思ったのは、ずいぶん昔に読んだこの短篇の記憶がきっかけだったかもしれない。小さい時に一緒に過したおばさんとのクリスマスの思い出の話だ。私がこれを好きなのは、ここに出てくるおばさんが、私自身の伯母の記憶とちょっと重なるからであるかもしれない。それについてはまたのことにして、「クリスマスの思い出」を読んでみよう。

「『おやまあ、フルーツケーキの支度にかかるにはもってこいのお天気だよ！』

と、おばちゃんは窓ガラスを息で白くもらせながらいいます。

そうおばちゃんが話しかけているのは、ぼく自身なんです。ぼくは七つで、おばちゃんは六十いくつかです。ぼくたちはいとこ同士で――といっても、間がとても遠いのですが――いままでずっと一緒に暮してきているのです。そういえば、ぼくがまだ物心のつかない時分からずっとそうなんです。

この屋敷には、ほかのひとたちも――やはりこれも親戚ですが――住んでいます。ぼくたちよりずっと威張っていて、ちょいちょいぼくたちを泣かせますが、こちらはふだんそのひとたちのいうことをあまり気にしません。」（トルーマン・カポーティ「クリスマスの思い出」『ティファニーで朝食を』龍口直太郎訳　新潮文庫　一九六八）

どうやら〈ぼく〉は孤児のようで、おばちゃんに育てられている。二人は親戚の家に厄介になっている。両親を幼い時に亡くした〈ぼく〉を親戚たちが、独身で居候をしていた〈おばちゃん〉に世話をさせているらしい。親戚も悪い人たちではないが、二人をちょっと迷惑な居候と見ていたのだろう。大家族がふつうだった時代には、たいていこんな居候が一人か二人いたものである。

〈おばちゃん〉は自分の財産もなく、ずっと独身で年をとった。自分の小さな世界に閉じこもり、いつまでも少女のようで、風変りであった。そして〈ぼく〉を預かると、小さい時に仲良かった友だち「バディー」がもどってきたように感じた。〈おばちゃん〉にとって〈ぼく〉は、子どもというより、「バディー」(仲よし)なのであった。ここでおじさん・おばさんと甥や姪(または若い人たち)との関係と親子関係のちがいが示されている。両方とも年齢は離れているが、おじさん・おばさんは年上にもかかわらず友だちのようなところがある。親子は上下の直線的(垂直的)関係であるが、おじさん・おばさんと甥・姪は上下がずれて、斜線的な関係になっているのだ。

だから〈おばちゃん〉は〈ぼく〉をバディーと呼び、不思議な共同生活をしている。二人はクィーニーというテリアを飼っている。

そして毎年クリスマスが近づくと、〈おばちゃん〉はフルーツケーキをつくるために、なけなしの金をはたく。二人とも貧乏で、親戚もこづかいをめったにくれないので、二人はガラクタ市などを開いて、金を稼ぐ。それでも土曜日には、〈おばちゃん〉は〈ぼく〉に十セントをくれて、映画を観ておいで、という。自分では決して行かない。「おまえから映画の筋を聞く方がいい」といつもいうのだ。

フルーツケーキの材料で一番手に入りにくいのはウイスキーであるという。どうやらこれはアメリカの禁酒法時代の話らしい。州の法律で酒類の販売は禁じられているが、もちろん、闇酒場に行けば買えることはみんな知っている。二人はおそるおそる酒場の主人に頼んでみる。そしてやっとためたこまかい銅貨で払おうとすると、こわそうな主人は、フルーツケーキができたら一つくれれば、ウイスキーの代金はいらないという。二人はフルーツケーキをいっぱい焼いて、みんなに贈る。ウイスキーが少し残ったので二人で飲んで酔っぱらう。それを親戚の人に見つかってどなられる。

「七つの子供が！　酒くさい息を吐いて！　ばあさん、気でも狂ったのか？　七つの子供にウイスキーだなんて！　まるで狂気の沙汰だ！　いずれは、ばあさん、地獄ゆきだぞ！　従姉《いとこ》のケイトや、チャーリー伯父さんや、伯父さんの義兄《にい》さんのことを忘れたのか？　恥を知れ！　面よごしめ！　みんなの顔に泥をぬるやつだ！　ひざまずけ！　祈れ！　神さまにおわびしろ！」

親戚の中で、〈おばちゃん〉や〈ぼく〉がどのようにあつかわれ、どう見られているかがわかる。恥さらし、面よごしなのだ。

〈おばちゃん〉は、年をとってもうろくしてしまった、と泣く。しかし次の朝、クリスマス・トリーを森に切りに行くことを思い出し、元気をとりもどす。そして見事なトリーを切ってきて飾る。そしてみんなにクリスマス・プレゼントを用意すると、もうなにも残っていない。〈おばちゃん〉は〈ぼく〉に自転車を買ってやりたいが、今年もその余裕がなく、凧をつくってやる。〈ぼく〉は、〈おばちゃん〉の好きなサクランボを買ってやることができず、やっぱり凧をつくって贈る。そして二人で凧を上げる。そして幸せな気分になる。これまで、死んでから神さまが見えると思ってきたが、これまで見てきたすべてのものの中に神さまが見えるのだと〈おばちゃん〉はいう。

「今日のこのながめをじっと眼にとめておけさえすれば、わしゃもういつ死んでも、この世に思いのこすことなんかないわいな」

これが〈ぼく〉と〈おばちゃん〉が一緒に過した最後のクリスマスとなる。親戚のおじさんが〈ぼく〉を陸軍幼年学校へ入れたのである。そして軍人となるための教育を受ける。〈おばちゃん〉から手紙が来る。だがしだいに弱ってくる。そして十一月になった時、〈ぼく〉はもう〈おばちゃん〉はフルーツケーキをつくることはないと予感する。死の通知が来る。

「それをさかいに、かけがえのないぼくの一部が切りとられ、それが糸のきれた凧のように、ふわふわとどこかへとんで行ってしまったような気がします。」

陸軍幼年学校の校庭をよぎりながら、少年は、空を見上げて、見えない凧を追うのである。〈おばちゃん〉と過したクリスマスはもう決してもどってこない。だが彼はその時を忘れることはないのだ。

「クリスマスの思い出」はカポーティの自伝的な作品であるらしい。山師のような父と美人で浮気な母の間に生れた彼は母方の親戚に預けられる。アラバマ州モンローヴィルのフォーク家である。ここには長男のバドと三人姉妹（スック、ジェニー、コーリー）と母の妹マリーもいた。ジェニーが女性用装飾品店を開き、一家を仕切っていた。「クリスマスの思い出」の〈おばちゃん〉のモデルはスックである。

いつまでも大人になりきれないようなスックは両親に見捨てられた孤独な少年に魅せられた。叔母のマリーなどは、スックが年齢をこえて友だちのようにつきあうのを、まちがっていると思っていた。

友だちであるから〈おばちゃん〉は少年にウイスキーを飲ませてしまう。おじさん・おばさんは、親が教えてくれないことを教えてくれる。それは時に、世間的にはよくないことも含まれている。だから、若者と親しいおじさん・おばさんは、他の親戚からはあやしい、不良だ、と見られるのである。

カポーティは〈おばちゃん〉からクリスマスの思い出をもらった。多くの人は、おじさん・おばさんの思い出を忘れてしまう。しかし彼は忘れなかった。そして「クリスマスの思い出」を書いた。そのことで、〈おばちゃん〉の記憶は不滅なものとなり、カポーティ個人のものであることを越えて、みんなのものとなった。

私もまた「クリスマスの思い出」を読んで、忘れていた私の伯母のことを思い出した。そして、カポーティが〈おばちゃん〉から贈られたものがなんであるかに気がつく。〈おばちゃん〉が彼に伝えたのは〈文学〉であった。カポーティは「クリスマスの思い出」を書くことで、思い出を私たちすべてのものとしてさし出し、作家になった。贈物である「凧」とは、〈文学〉のことであったのだ。

すでにのべたように、多くの人が大人になるとおじさん・おばさんの思い出を忘れてしまう。それをおぼえていて、大事にする人が、作家になる。そのような意味でカポーティの先駆者であるのが、マーク・トウェインである。『トム・ソーヤーの冒険』は、少年の物語ではあるが、そこにはまた、もう一人の主役、ポリイ伯母さんがいることを忘れてはならない。これもまた〈おばさん〉と〈ぼく〉の物語なのだ。

トムはいたずらっ子で、伯母さんをさんざん困らせる。しかし二人の間にはある了解がある。トムを叱ろうとして逃げられてしまったポリイ伯母さんは次のようにつぶやく。

「あの子は、どのくらい私をじらすと本気に怒りだすかを、ちゃんと心得ているらしい。また途中で、ちょっとでも気持をゆるめたり笑ったりすると、それで折檻がうやむやになって、お流れになってしまうことも心得ている。だが、あのままにしておいては、私の申しわけが立たないし、神さまの思召しにもそむく。鞭を惜しむと子供を駄目にする、と、お聖書にも書いてある。私のためにも、あの子のためにも、罪をつくることになる。手に負えない子だけれど、放ってはおけない。なにしろ、死んだ実の妹の忘れがたみで、可哀そうな身の上だし、憎む気にはなれない。それどころか、あの子を叱るほど、いやなことはないし、あの子を折檻するほど、つらいことはない。人の子の生涯は短かく、苦に満ちている、と、お聖書に書いてあるけど、ほんとにその通りだ。」(マーク・トウエン『トム・ソーヤーの冒険』大久保康雄訳　新潮文庫　一九五三)

トムは母を亡くして、伯母さんに育てられている。腹ちがいの弟シッドと一緒だ。シッドはおとなしいいい子だが、トムは悪童である。トムは伯母さんに反抗しつつも、伯母さんが怒ったことを胸の中ですまながっているのも見抜いている。

トムは伯母さんが決して母ではないことを理解している。しかし伯母さんが母のように彼を愛そうとしていることもわかっている。それは当り前のことではない。なぜならそれは自分の子ではない他の人の子を愛することだからだ。それはふつうではなく、稀なことだ。トムは伯母さんから他者を愛することを学ぶ。そのことが彼への伯母さんの最大の贈物なのだ。トムの浮浪児ハックルベリー・フィンへの友情も、伯母さんから学んだ他者への想像力なのだ。

『マーク・トウェイン自伝』によると、子どもの頃、叔父のジョン・クォールズの農場に行くのが楽しみだったという。

「ジョン叔父の農場は、遊び盛りの男の子には天国だった。」(『マーク・トウェイン自伝』勝浦吉雄訳　筑摩書房　一九八四)

叔父のジョンも叔母のパッツィもいい人たちだった。

「炉辺の一角に陣取った叔母は編物をし、反対側に腰を据えた叔父はコーンパイプをくゆらしている。」

そしてトウェインは叔母さんの裁縫箱に蛇を入れておく、といったいたずらをしていたという。

パッツィ叔母さんは、『トム・ソーヤーの冒険』のポリイ伯母さんのモデルとなった。トムは、友人の何人かの少年からつくった、とトウェインはいっている。彼自身は母を亡くして親戚に預けられるということはなかった。母は長生きをしている。ポリイ伯母さんには母のイメージも加えられているようだ。黒人奴隷の少年に対する母の思いやりなどから、トウェインは他者への思いやりを学んでいる。

マーク・トウェインはたくさんの、とてもいい本を書いた。それでも『トム・ソーヤーの冒険』が一番親しまれている。それはトムのはらはらする大冒険の物語なのであるが、無事にもどってくると、だれよりも喜んでくれるのはポリイ伯母さんなのだ。

ここであらためてカポーティの「クリスマスの思い出」にもどる。〈おばちゃん〉は〈ぼく〉に十セント銅貨をくれて、映画を観てくるようにいい、あとでその話をしてくれという。〈おばちゃん〉は映画も観ず、冒険にも行かない。しかし〈ぼく〉には、映画や冒険に送り出してくれて、帰ってきたらその話を聞いてくれる人が必要なのだ。

それでも私たちはもどってきた時に、見てきたことを話すのを忘れてしまう。だが、トウェインやカポーティはそのことを忘れず、思い出を書きとめた。彼らが旅立つことができたのは、〈おばちゃん〉が十セントくれたからであると、おぼえていたのである。

私も、伯母のくれた「十セント」のことをすっかり忘れてしまっていた。これからそれを、さがしに行くことにしよう。

第一章　おじさん・おばさん考現学

おじさん・おばさんの文化人類学

これまで漫然と〈おじさん〉〈おばさん〉ということばを使ってきたが、では〈おじさん〉〈おばさん〉とはなにか、となるときちんと知っているわけではなかった。ここでそれがどのようなものか、少し考えておくことにしよう。

とりあえず岩波国語辞典を引く。「おじ」とは父や母の兄弟とある。ここまではわかる。父や母より年上なら伯父、下なら叔父と書く。さらに「およびおばの夫」とある。うっかり忘れていた。では、おばの夫の場合、伯父、叔父の使い分けはどうなるのか。そのおばの年が基準となる。伯母ならその夫も年に関係なく伯父、叔母の夫は叔父となる。

また、小父と書くと、よその大人の男、おじさん一般であるらしい。

「おば」は父や母の姉妹、および、おじの妻ということになる。同じく伯父の妻は伯母、叔父の妻は叔母となる。小母はよその大人の女である。

これで一応わかったようであるが、今のところさしあたってこう説明しているというだけで、絶対的なものではない。古語では、おじ・おばは祖父・祖母のことであり、をぢ・をばが伯（叔）父・伯（叔）母なのである。

さらに中国の親族関係となると、とんでもなく複雑だ。父方と母方をはっきり分けるのである。たとえば姑はしゅうとめ、夫または妻の母であるが、父の姉妹である〈おば〉のことでもある。それに対して、姨が、母の姉妹である〈おば〉になる。一方、母の兄弟は舅《しゅうと》という。伯・叔は父の兄弟である。母方の伯父さんは伯舅という。まことにややこしいのであるが、調べてみておどろいたことに、おじさん・おばさんとはなにかをきちんと定義できるほど、人類学の研究は確定していないのだ。いろいろな説が出されているという段階なのである。〈親族〉という概念も見直しの時期にさしかかっているのだ。

日本と中国のおじ・おばの名称を比べただけで大きなちがいがわかる。文化によって親族の名称がちがうのだ。そこから共通の定義を引出すことができるだろうか。親族の名称は、それぞれの文化に固有で、相対的だ、という考えと、世界共通の構造がある、という説がある。『文化人類学事典』（弘文堂　一九八七）の「親族」（合田濤）によると、E・リーチやR・ニーダムは「親族の語が学問上の便宜的な指示名称であって、人類社会に普遍的に適用できる親族の定義を与えることは不可能だという立場」をとっている。西欧で発達した人類学は、西欧文化の基準で親族を構造化しようとしたが、うまくいかなかったのである。

日本民法では親族が一応は規定されている。しかしそれは英語のキンシップ（親族）の定義とも、日本の民俗的慣用によるシンセキ、シンルイともちがっているという。人類学の研究はやっとそれらのちがいに注目し、これまで常識と思われてきた、親とはなにか、子とはなにかについても考え直さなければならないことを明らかにした。

次に『文化人類学事典』の「親族名称」（吉岡政徳）の項を読んでみよう。チチ、ハハ、オジ、イトコなどの名称はどのように構成されているのだろうか。

L・H・モルガンは『人類の血縁と姻戚の諸体系』（一八七一）で、名称を記述的体系と類別的体系に分けた。記述的は、チチ、ハハ、チチのチチである祖父といったように、系譜的にたどっていく。類別的は親族をクラスに分ける。たとえば、父の世代の男性はすべて父というクラスに入る。母の世代の男性はすべて母のクラスである。

この類別的体系はG・P・マードックによって発展される。『社会構造』（一九四九）で、イトコ名称による六類型を示した。しかしイトコ名称に偏ったので、全体的な比較ではうまく機能しなかった。

その後、〈親族〉の概念について見直しが行なわれる。ニーダムは、〈親族〉というのはきわめてあいまいであり、使わない方がいいと考える。チチという親族名称は、どの社会でも同じとは限らない。それは、ある社会での人間関係を示す関係名称であり、チチというすでに強い先入観を持った語を使うより、もっと抽象的な記号にした方がいいかもしれない。

ニーダムやリーチは、名称を系譜ではなくカテゴリーとしてとらえようとした。「名称をカテゴリーの視点から捉え、個別社会研究を重視する関係名称論に対し、全く対立する立場に立つのが、今日の親族名称論である。」（「親族名称」『文化人類学事典』）

系譜によるネットワークがあらためて注目される。関係名称論は、個別の社会を現在の時点で明らかにしようとするが、親族名称論は系譜によって時間的流れ、歴史をたどろうとする。そして、個別の裁量を越えた共通性、普遍性をさぐる。

このように、親族についての研究は、系譜（時間）、関係（空間）という二つの軸に沿って展開され、その統一がさぐられているが、まだ途中であるらしい。したがって、〈おじさん〉〈おばさん〉についても、決定的な定義は与えられていない。

逆にいえば新しい見直しの時期にきているということだ。だから、この本では、伯父・叔父・伯母・叔母を中心としつつ、よその小父さん・小母さんまでを含む大きなくくりのうちで〈おじさん〉〈おばさん〉をとりあげていきたいと思う。

人類学や民俗学の辞典を引いてみておどろくのは、オジ・オバの項目があまりないことだ。どうもはっきりした意味が定義しにくく、文化や時代によってちがっているらしい。

人類学で系図を記号化して示すことがある。たとえば、父がF、母がMなどとする。兄弟＝B、姉妹＝Z、息子＝S、娘＝D、夫＝H、妻＝Wとする。ところがオジ・オバを示す記号はない。FBとすると父の兄弟、つまりオジになる。つまり、オジ・オバは親族の基本的な記号ではなく、基本記号の組合せで表示されるのだ。

したがって辞典でも、独立した項目ではあつかわれないことが多い。それ自体としてはとらえにくいあいまいなことばであるらしい。日本の民俗学辞典からオジ・オバのいくつかの説明を拾ってみよう。

「通常は自己の父母の兄・弟（伯父・叔父）、姉・妹（伯母・叔母）を指示する親族名称。これとは別に、かつては家の連続を担う嫡系以外の傍系成員の男・女をオジ・オバと呼ぶことが広くみられた。」（福田アジオ他編『日本民俗大辞典』上　吉川弘文館　一九九九）

「父の系列で、父ではない人をすべて、小父《おじ》というのが古風。多くの田舎では、どんなに幼少でも、跡取以外の子女は、皆オジ・オバと呼ばれる。」（石上堅『日本民俗語大辞典』桜楓社　一九八三）

つまり、日本ではかつて、嫡系、跡取り以外の男・女はすべてオジ・オバだったというのである。この説明もはっきりしたものではないが、ともかく傍系の人たちをまとめてオジ・オバと呼んだわけだ。重要なのは傍系ということで、やはり、〈私〉と〈オジ・オバ〉の関係は、斜線なのである。

オジ・オバというのも、父系社会と母系社会ではずいぶんちがっているようだ。西洋、中国、日本は父系社会である。厳密には、イギリスは双系で、父母の両系をたどるが、王位継承は父系である。おおまかにいって、近代社会は父系が中心となっている。女性は男性の家に嫁入りしてくる。そして父は息子に財産を譲る。嫡系、跡取りが重視される。

近代は、このような父系社会を当然のものとしてきたが、それは唯一絶対ではなく、母系社会もあることが人類学などによって発見された。南太平洋の島々に残っている母系社会の研究から、人類の初期には母系社会が一般的であったのではないか、と考えられるようになった。その大いなる歴史についてはここで語れないが、母系社会のオジ・オバについて触れてみたい。

「母系のパズル」ということばがあるそうだ。須藤健一『母系社会の構造――サンゴ礁の島々の民族誌』(紀伊國屋書店　一九八九)によると母系社会の男性は、これに悩まされる。

「母系社会の男性は兄弟として、夫として、父親としてそしてオジとして、相反する役割を負わされている。父系社会においては、男性は子どもを育て、自分の財産や社会的地位を、子どもとくに息子に相続・継承させるのが普通である。それにたいし、母系社会では祖母・母・娘というように、代々女性の血縁関係(出自)をたどって、社会集団

（家や家族）をつくりあげ、相続・継承の方法を決定する。男性の血縁というものはまったくといってよいほど役にたたない。男性とその子どものあいだには、いっさいの母系的血のつながりがないからである。男性はいっしょに住み育てあげた子どもであっても、自分の子として自分のあらゆるものを譲るわけにはいかない。」

ミクロネシアのトラック島の男は「自分の子どもと姉妹の子どもを天びん棒でかつがなければならない」というそうだ。母系では、男性とその子の間には母系の血縁はなく、母を通して姉妹とつながる血縁が重要であり、その子どもたちを大事にしなければならないのだから地位や財産を実子ではなく、姉妹の子に譲ることになる。

父系社会の男性は、ひたすら自分の子に譲ればいいのだが、母系社会の男性は実子よりも姉妹の子に優先的に譲らなければならない。チチであることとオジであることは矛盾している。どちらをとるか、それが「母系のパズル」である。

インドのケララ州のナーヤル・カーストの人びとは妻問い婚をしている。男性は夜、妻の家を訪れ、朝帰る。生れた子は母の家で育てられ、父親には教育的、経済的責任はない。父親の役割は母の兄弟、つまりオジたちが果している。

須藤健一は一九七八年からミクロネシアのサンゴ礁の島サタワルの母系社会の調査を行なった。この本はその見事な成果であるが、「子どもと母方オジの関係」のところを読んでみよう。

「サタワルの人々は、母系リニージの女性成員と彼女たちのもとへ婿入りした夫たちよりなる母系家族ごとに、屋敷（プウコス）を中心に日々の生活を営んでいる。」

大きいものでは七十人ぐらいの家族が一緒に暮している。ここで成長した男性は他の母系家族に婿入りし、生れた家にはもどってこないが、つねに気にかけている。子どもたちの留学とか結婚に許可を与えるのは父親ではなく、母方のオジである。

「思春期までは、男の子は母親や父親の言うことを聞いて生活してきたが、一人前になると、なにかにつけて、母の兄弟に一目をおくようになる。」

甥がだれかを傷つけたり、なにか盗んだりした時、母方のオジがあやまりに行き、償ないをする。

「とくに、姉妹の子どものことには保護者として全権を持っている。つまり、女性が彼女のリニージに関する問題で「頼り」にするのは夫ではなく、彼女の兄弟や母の兄弟なのである。」

母方のオジは成人した甥や姪に、父親よりも権威を持ち、責任を持っている。

「母方オジから航海術などの秘儀的知識を習うときには、甥たちは魚やヤシ酒を持参してオジに好感をもたれるように心がける。」

母方オジは、秘儀的な知識を授けてくれる。サタワルでは、息子が大人になるまでは父親が面倒を見る。そして大人の社会に入ると、母方のオジの支配下に入る。父親はせっかく育てた息子を母方のオジに渡す。

「われわれの目には、サタワルの男性は「他者の子ども」を育てるしかない存在とうつるのである。」

サタワルの男性は父と母方のオジという二つの顔を持っている。そして実子よりも姉妹の子どもを優先させなければならない。子どもからすれば、オジは父よりも偉い存在であり、大人になったらオジに従わなければならない。

近代社会は父系を前提として成立したのではないだろうか。ひたすら父から子へと財産が継承され、蓄積されていった。おじさん・おばさんは傍系であり、きわめて無用な存在と見なされるようになった。

母系社会では、男性は夫や父としての役割とオジとしての役割のパズルに悩まされる。父系社会ではその悩みは解消される。近代人はそこでひたすら自己を確立してきた。そこではオジ・オバは二次的なものとなった。

近代の繁栄のためには、父系の選択は正しかったかもしれない。しかしそこで近代人の孤独は深まったように思える。自己は確立したが、オジ・オバの影が薄くなるとともに、他者への、斜めの想像力は弱まったのではないだろうか。

私たちは、おじさん・おばさんのことをしだいに忘れていった。サタワルの母系社会は、おじさん・おばさんが、父や母よりも権威を持っていた社会があったことを考えさせる。私たちの社会はそれよりずっと進化したのだろうか。そうだとしても、なにかを犠牲にしてしまったのではないだろうか。そのなにかとは〈おじさん・おばさん〉が贈ってくれたものであった。

もっとも近代に、おじさん・おばさんの贈物がまったく失われたわけではない。ずいぶん稀にはなったが、それだけ貴重な、時に例外的なものとして残っている。私がこの本でやってみたいのは、その稀少な、おじさん・おばさんの痕跡を拾い集めることなのである。

おじさん・おばさんと友愛

トルーマン・カポーティの「クリスマスの思い出」では、〈おばちゃん〉と〈ぼく〉とのほろりとする愛情が描かれていた。おじさん・おばさんの愛情とはどのようなものであろうか。というのは、これまでそれについてあまり論じられていないようだからだ。愛情論というと、親子の情愛、恋愛、友情（友愛）が中心である。はじめが垂直的、あとの二つが水平的である。ここでも、オジ・オバの斜めの愛情はほとんど無視されているのだ。

ロバート・ブレイン『友人たち／恋人たち――友愛の比較人類学』（木村洋二訳　みすず書房　一九八三）は友愛についてのすぐれた視点を持った本で、おじ・おばとの関係についてもヒントを与えてくれる。

この本によると、私たちは性愛についてはかなりあけすけに語るようになったが、友愛についてはあまり語らない。人類学では〈感情《センチメント》〉の問題はタブーとされてきた。「構造化された状況のみが現地研究者《フィールド・ワーカー》の臼に穀粒を提供していた。個々の現地人や研究者の個人的感情は、私信の中にはしのび込むことができても、アカデミックな理論に干渉することは許されなかったのである。つい二、三年前、アングロ・サクソンの構造主義者と機能主義者がこぞって二人の不屈なアメリカ人社会学者に嘲笑を浴びせたことがあった。興味深いことに、彼らは真剣に、叔父と甥との間の重要な関係は感情的な基盤を持っているかもしれないと示唆したのである。」

おじさん・おばさんについて調べようと、人類学の親族研究やフィールドワークを読んでみたが、なかなかいい本にぶつからない。その理由がこれでわかった。構造化、記号化できないものはあつかわれないのである。〈感情〉はあつかわないのだ。したがって、叔父と甥の親密な感情をとりあげただけで、アカデミズムからの嘲笑を浴びなければならない。

このところようやく、〈感情〉のような心理学的変数の重要性が認められてきたという。人類学もようやく、おじさん・おばさんをあつかうことができるようになったのだろうか。

ロバート・ブレインによると、これまでの人類学は、友情をあつかわなかった。感情といったあいまいな要素が入っているからで、それは心理学の領域なのである。しかしブレインは〈友情〉をより広い意味でとらえようとする。まず、人類学で嘲笑されたという叔父と甥の間の親密な感情も一種の友情であると認める。また名づけ親、代父、ゴッドファーザーと子どもの関係も友情としてあつかう。

それらは、制度上の友人関係といえるだろう。感情で結ばれた友人関係と制度上の友人関係がある。後者は、結婚とか洗礼といった儀式によってできる人間関係である。ブレインが調査したカメルーンのバンガ族の人たちは二種類の友人を持っていた。「心の友」と「道の友」である。前者は自分で選んだ友人であるが、後者は、定められた、義務的な友人である。結婚でできた義理の兄弟なども「道の友」である。

私たちの常識では自分が選んだ友人の方が重要のように思えるが、バンガでは「道の友」こそ最良とされる。できるだけ自分の生れた時に近いほどいい友人と考えられる。したがって、双子が親友中の親友とされる。

ブレインは自発的な友情だけでなく、定められた、天から与えられた友人関係があるとしている。そして、感情で結ばれた友人関係と制度上の友人関係はまったく別なものではなく、制度で定められた友人関係にも、自発的な感情がまったく欠けているわけではないと見ている。したがって、叔父と甥の親密な関係も、親戚だからという制度上のものだけではなく、やはりそこに自発的な感情（友情）があるのではないだろうか。

クロード・レヴィ＝ストロースは初期の『親族の基本構造』で、二つの集団の間の複雑な婚姻システムである交叉イトコ婚とインセスト・タブーの謎に見事な解を与えた。それは結局、女の交換を規則的につづけていくための精密なシステムであった。

そのあざやかな記号解析による解によって、すべては明々白々となったように思えるのだが、その解によって、多くのものが排除されてしまったのではないだろうか。そのシステムは女の交換のためのものであった。だがそのシステムの中にあった叔父―甥の友愛関係といったものは、その解のフラッシュによって見えなくなってしまった。

バンガの人たちは「心の友」と「道の友」を持ち、偶然的で、自分で選べない「道の友」をむしろ上位においた。現代人は、「道の友」をしだいに忘れ、友人といえば自分で選ぶ「心の友」のこととなった。ロバート・ブレインは、友情や友人をもっと世界的、歴史的な広いパースペクティブのうちに考えようとしている。自分で選ぶ友だけでなく、与えられる友もいるのではないだろうか。そして、おじさん・おばさんというのも、そのような友なのではないだろうか。

アヴァンキュレート　ヨーロッパ中世のおじさん

アヴァンキュレートという人類学の用語がある。

「伯父―甥関係《アヴァンキュレート》――父系社会における姉妹の息子と母親の兄弟との関係――は中世文学研究家にとっては周知の事実であり（チャールズ大帝とロラン、マーク王とトリスタン、アーサー王とガーウェイン……は伯父―甥関係にある）、人類学の文献で古くからとりあげられているテーマである。おおかたの人類学者は、母方に近い親族同士の親密な関係よりも、母親のリネージとの構造的な繫がりの方をより基本的な紐帯と論じている。」

（ロバート・ブレイン『友人たち／恋人たち』）

アヴァンキュレートということばは耳なれない。アヴァンキュルというのはアンクル（おじ）の古語であるらしい。アヴァンキュラーは、おじさんの、という意味で、おじさんのように慈愛にみちた、というニュアンスがある。

アヴァンキュレートは人類学の用語で「父系社会における姉妹の息子と母親の兄弟との関係」を意味する。人類学では、〈おじさん〉の語はなるべく使わず、母親の兄弟という。姉妹の息子は甥である。両者の親密な関係はかなり早くから気づかれていた。なぜ、父系社会における母方のおじとするかというと、母系社会でも、母の兄弟は、姉妹の息子の面倒を見るが、これは母親のリネージ（血統）の内部に属している。しかし父系社会では母の兄弟は、外部にいるので、甥と母方のオジの関係は内部と外部をつなぐ絆として注目されるのである。

しかしロバート・ブレインの指摘するように、「おおかたの人類学者は、母方の近い親族同士の親密な関係より、母親のリネージとの構造的な繋がりの方をより基本的な紐帯と論じている。」つまり、オジ―オイの関係を親しさ、友愛という視点ではなく、父系社会が母親のリネージと結びつくための構造、制度としてあつかっているというのである。

私のおじさん、といったなつかしさをこめた感じではなく、母親の兄弟、つまり〈オジ〉という集団が姉妹の息子〈オイ〉を制度的に保護する。なんのためか？　二つの集団の間の女の交換をうまくつづけるためだ、という解は、鮮やかであるが、味気ない。ブレインはアヴァンキュレートを、友愛という方向からも考えたい、というのだ。

面白いのは、アヴァンキュラーやアンクルには、質屋という意味もあることだ。なぜ、おじさんが質屋なのか。困った時にお金を貸してくれるからだろうか。おじさんは、私が成長し、出世するまで支払いを猶予してくれるのであろうか。

ここではブレインが指摘している中世文学に出てくるアヴァンキュレートの例についてもう少しくわしく触れてみたい。

まずシャルルマーニュ(カール大帝)とロランである。中世フランスの叙事詩『ロランの歌』は、十二世紀までにできたといわれる。シャルル大帝は七四二年生れ、七六八年にフランク王、八〇〇年には西ローマ皇帝を兼ねた。アキテエヌ、ロンバルディア、ザクセン、バイエルンなどを支配した。八一四年に没している。

七七七年、ピレネーを越えて回教徒の国スペインを征服しようとした。パンプロナを占領しサラゴサを包囲したが、攻めあぐねていると、ザクセンに叛乱が起き、スペインをあきらめ、引返さなければならなかった。再びピレネーを越える時、バスク軍に追撃され、最後尾の軍が全滅した。それを率いた勇将ロランが討死した。『ロランの歌』はその物語である。

かなり伝説化されていて、史実とはいえないが、ロランは英雄として語り伝えられてきた。次のようにはじまる。

「われらの大帝シャルル王は、
まる七年、スペインにありて、
高き土地を海まで征せり。」(『ロランの歌』有永弘人訳　岩波文庫　一九六五)

しかしサラゴサだけは落ちず、マルシル王がたてこもっている。マルシルはついにシャルルに和平の使を送る。それに対し、ロランが反対する。彼のライヴァルであるガヌロンが和平を受けるべきだとのべる。シャルル大帝は和平を認め、賛成したガヌロンにマルシルへの使者を命じる。ガヌロンはその役を押付けられたことでロランを怨む。

さて、シャルルマーニュ、ロラン、ガヌロンはどんな関係があるのだろうか。ロランはシャルルマーニュの甥であるという。伝説によると、ミロンという騎士がシャルルマーニュの妹ベルタとひそかに結ばれたので、大帝の怒りに触れて追放された。ベルタはロランを生み、イタリアに隠れ住んだ。成長したロランはシャルルマーニュに再会し、許されてその宮廷の騎士となった。またベルタはガヌロンと再婚した。

ロランにとってガヌロンは義父になったが、母の再婚相手を嫌っていたらしい。その一方、伯父であるシャルルマーニュにはかわいがられ、その宮廷ではわがもの顔にふるまっていたようだ。ロランは伯父と義父に相反する微妙な感情を抱く。伯父への親密さと義父への憎しみが悲劇をもたらす。

ロランがいる限り、シャルルマーニュの宮廷で成功することができない、と感じたガヌロンはひそかにロランを亡きものとする陰謀をめぐらす。そのためにマルシル王と内通し、ロランを討たせる密約を結ぶ。マルシル王が恭順を誓ったというガヌロンの報告で、シャルルマーニュは兵を引揚げ、故国に向う。

ロランは伯父との関係を義父との関係より優先させていた。中世の騎士社会では、アヴァンキュレートが大事にされていたようだ。『ロランの歌』には、シャルルマーニュ—ロラン以外にもオジ—オイ関係が登場する。ガヌロンは使者として出発するが、それは宮廷からの追放とも見られ、かなり悲愴な旅立ちとなる。

「足につけたるは、黄金の拍車、
脇に佩《は》きたるその剣は、ミュルグレス、
軍馬タシュブランにうちまたがる。
その鐙《あぶみ》を、叔父ギヌメール支えたり。
このとき、多くの騎士の落涙するのが見えしたらん。」

ガヌロンにも叔父がついている。叔父は鐙を支えて甥を馬に乗せてやる。この他にも、オジ—オイのペアで軍団に入っている例が見られる。戦闘の中で、オジは若いオイを鍛え、保護する役割を果していたようだ。

一方、戦闘においては、まるで双子のようにそっくりで仲の良い友だちのペアもいる。ギリシア神話のアキレスとパトロクロスのような親友である。

ここで親愛関係を整理して図表化しておこう。まず、父—子の関係を縦軸とする。そして仲の良い友人関係を横軸とする（I図）。そこにオジ—オイの斜軸を引く（II図）と、三つの関係が座標化できる。

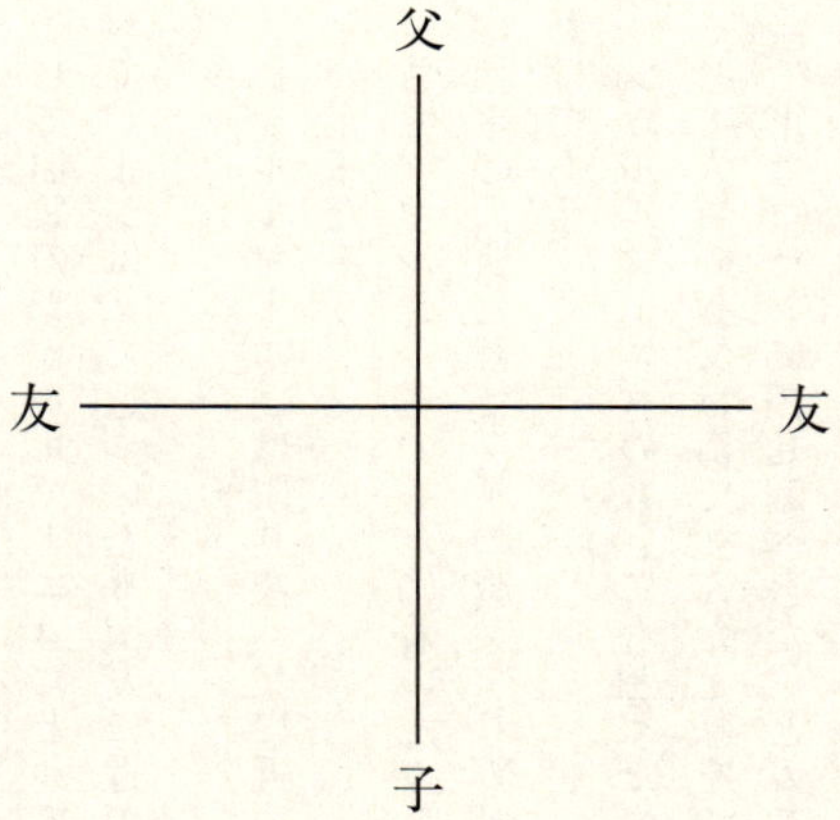

Ⅰ図

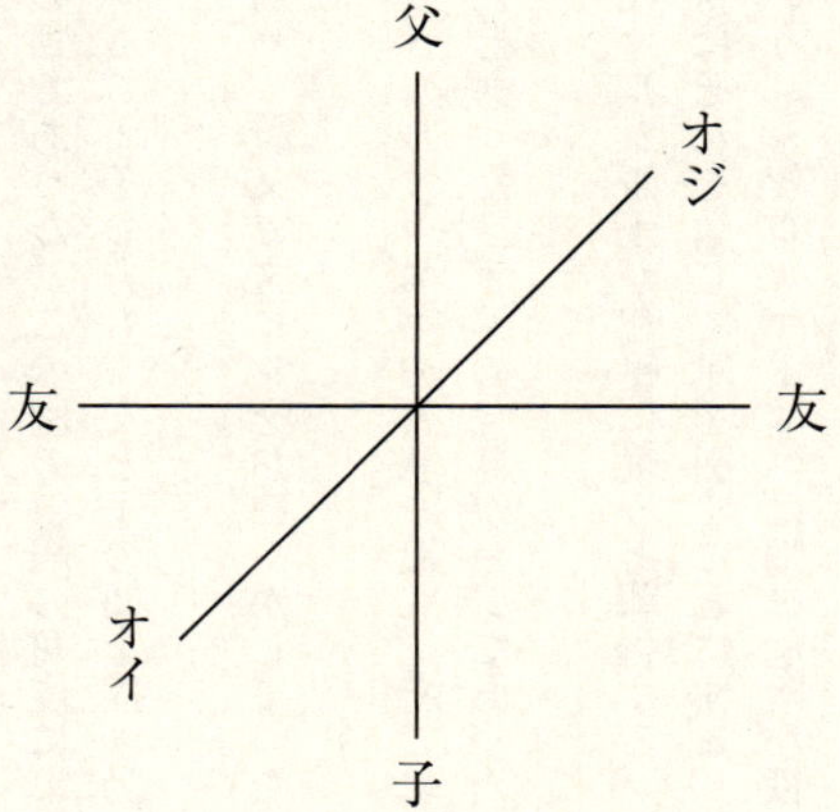

Ⅱ図

ロランの場合でいえば、彼にはオリヴィエという無二の親友がいる。二人はロンスヴォーの狭間路で襲撃されて、ともに討死する。父（義父）ガヌロンとは敵対している。そして伯父のシャルルマーニュにとっては最愛の甥であった。この図の斜線の角度によって、オジは父に近づいたり、友に近づいたりする。オイの方も、友と子の間を揺れ動く。

シャルルマーニュは限りなく父に近いオジであり、義父ガヌロンをおびやかしていた、といえるだろう。

さて、マルシル王のもとに着いたガヌロンはシャルルマーニュの書状を渡す。そこには和平の人質として、王の叔父アリガリフを送れとあった。オイの代りがオジであったわけである。

シャルルマーニュのもとにもどったガヌロンはマルシル王が和平に従うと報告する。そして人質の叔父は海で死んだと嘘をつく。大帝はそれを信じて軍を引くことにする。殿軍《しんがりぐん》はロランに任せるべきだ、とガヌロンはいう。シャルルマーニュは甥に危険な役を果させることに涙する。

ロランの殿軍を追うのは、マルシル王の甥である。それを補佐するのは王の弟である叔父ファルサロンである。

大軍が追ってくるのを知って、親友のオリヴィエはロランに角笛を吹け、という。それを聞いてシャルルマーニュの大軍が引返してくるだろう。しかしロランは、援軍を呼ぶのは恥であると思っている。だが敗色が濃厚となり、やっとロランは角笛を吹く。しかしもうおそかった。

オリヴィエもついに討死する。部下のリュムのゴーチエがロランに呼びかける。「かく申すはゴーチエなり、マエルギューを討ち取りしわれなり。かの白髯の老人、ドゥロランの甥なり。」。騎士の名乗りに、だれそれの甥である、といっていたのである。ついにロランも倒れる。「シャルルの甥は、打ち敗かさる！　この剣、われ、アラビアに持ち去らん。」と討手が叫ぶ。

シャルルマーニュがもどってきて、息絶えたロランを見つける。嘆きは限りない。「この上は一日とて、汝のこと悲しまぬ日はなからん。わが力、わが威勢は、いかに衰え行かん！　わが栄誉を支えてくれた者、もはやなからん。天の下、友一人だに、われ持ち得んとも思われず。われに縁者ありとても、かかる勇者は絶えてなし。」

甥のロランはシャルルマーニュにとって、帝国の栄光の象徴であり、それを失ったことは、帝国も衰退していく、と予感している。そしてロランは唯一の友なのだ。大帝はスペインの異教徒を打ち破り、裏切者ガヌロンを処刑する。しかし、シャルルマーニュの帝国も、ロランという守護神を失って衰退していく。

次に、中世の二つ目の伯父―甥の悲劇、マーク王とトリスタンの伝説を語ろう。トリスタンとイズーの悲恋物語は、ヴァーグナーのオペラにもなって、よく知られている。

その起源はケルトの伝説にあるというが、断片的にしか残っていない。後にアーサー王伝説にとりこまれるが、そのために、ずいぶんちがったものになった。この物語を研究したジョゼフ・ベディエが一九〇〇年に新編『トリスタン・イズー物語』（佐藤輝夫訳 岩波文庫 一九五三）をまとめている。この本や一八五八年のトマス・ブルフィンチ『中世騎士物語 騎士道の時代』（大久保博訳 角川文庫 一九七四）などによりながら、この物語のあらすじをのべておこう。

コーンウォールにマルクという王がいた。マルク王が敵に攻められている時、ローヌア王リヴァランが海を渡って救援に駆けつけた。マルク王は妹のブランシュフルールをリヴァランに与えた。

国にもどったリヴァランは、叛乱軍に殺された。その時、みごもっていた妻は、生れた子にトリスタン（悲しみ）とつけた。

孤児として育ったトリスタンは、放浪の末、コーンウォールにたどり着く。そこでマルク王に気に入られ、その小姓となる。やがて王が妹に婚約の贈物として与えた柘榴石の指輪を持っていたことから、トリスタンがマルク王の甥であることがわかり、伯父と甥の親しい関係がはじまる。

トリスタンは、アイルランドから乗込んできて、マルク王の宮廷をおびやかしたモルオルトと戦って殺した。しかし彼も傷を負った。モルオルトの剣に毒が塗ってあり、そのためにトリスタンは死にかけていた。彼は小舟で海に出て漂った。そしてアイルランドに流れ着いた。ここでイズーという美女の手によって彼の傷は癒される。しかしイズーはモルオルトの姪であり、伯父を殺したトリスタンを深く怨んでいたのである。しかし彼女は自分が治療した若者がトリスタンとは知らなかった。

元気になってもどってきたトリスタンを、マルク王はさらにかわいがり、自分の国を譲るといいだした。コーンウォールの貴族たちはそれが面白くなく、トリスタンを追出す陰謀をめぐらした。その中心はアンドレ侯で、彼も実はマルク王の甥であった。マルク王は独身であった。アンドレたちは王に妃を迎えて後継者をつくり、トリスタンを排除しようとした。

ある時、燕が一筋の黄金の髪の毛をくわえてきた。アンドレに妃を迎えるよう迫られていた王はふと、この髪の女となら結婚しよう、といった。さがすのは不可能だと思ったのである。

トリスタンだけが心当りがあった。それは、彼を介抱してくれたイズーの髪であると気づいたからである。だれよりもマルク王に忠誠であることを示すために、彼はその女をさがす旅に出る。

彼は再びアイルランドに上陸する。そこでは恐ろしい龍が出没していた。王は龍を退治した者に美しきイズーを与えるといっていた。トリスタンは龍と戦って退治するが、自分もその毒に当てられる。そして今度も、イズーによって回復する。だがイズーは、彼が伯父を殺したトリスタンであることに気づいて彼を殺そうとする。しかし殺せずに、二人は仲直りする。

龍を退治した英雄のトリスタンに、アイルランドの王はイズーを与える。トリスタンはあくまで彼女をマルク王の妃にするために連れて帰る。

イズーは伯父を殺された怨みを抱き、トリスタンは伯父のために美しい妃を連れて帰る使命を果そうとする。ここまではあくまで伯父が主なのである。二人の間の愛はまだはじまっていない。

それは帰りの船の中で、イズーの母が、マルク王への贈物として渡した媚薬を、二人がうっかり飲んでしまったことではじまる。つまり、個人の意志を越えた、自然の力、魔力によって二人は結ばれてしまうのである。

トリスタンはイズーをマルク王に引渡す。その恋は秘めている。しかしアンドレたちは、二人の仲があやしいと王に告げ口をする。そして秘密をあばこうとするさまざまな罠が仕掛けられるが、恋人たちはなんとかそれをくぐり抜ける。しかしついに捕えられ、処刑されようとするが、二人は逃れて流浪する。だがトリスタンはこれ以上、彼女を不幸にしないために、王にイズーを返す。そして自分は地の果てに旅立つ。

諸国を遍歴したトリスタンは、ブルターニュに達する。この地を領するオエル公は、ナントのリオル伯の侵略を受けていた。トリスタンはオエル公に助太刀してリオル伯を破った。オエル公は娘を彼に与えた。その娘は〝白き手の〟イズーといった。その名にひかれてトリスタンは結婚したが、やはり黄金の髪のイズーを忘れられなかった。そして一目会いたいとマルク王の宮廷にもどってくる。

そして乞食に身をやつしたトリスタンはイズーに再会し、つかの間の時を過して別れを告げる。そして最期の時には自分に会いにきてくれ、とイズーに頼む。

ブルターニュにもどったトリスタンはオエル公のために戦ったが負傷し、死が迫っていると感じる。最後にもう一度、イズーに会いたいと願う。オエル公の息子カエルダンにイズーを連れてきてほしいと頼み、もどってくる時、もしイズーがその船に乗っていれば白い帆を、いなければ黒い帆をあげてほしいといった。

カエルダンはコーンウォールに行き、ひそかにイズーを船に乗せることに成功し、白い帆をあげてもどってきた。だが嫉妬に狂った〝白き手の〟イズーは、黒い帆があがっているとトリスタンに告げる。絶望したトリスタンは死ぬ。船から下りたイズーはトリスタンの遺骸にとりすがり、息絶える。

マルク王はイズーのために玉髄づくりの、トリスタンのために緑柱石の棺をつくらせ、二つの墓にそれぞれ埋めた。するとトリスタンの墓からバラのつるがのびてきて、イズーの墓にからまった。人々はそのつるを断ち切ったがまたのびてくる。それを聞いたマルク王は、つるを切るのを禁じ、二つの墓がバラのつるでしっかり結ばれるままにさせた。

トリスタンとイズーの物語は、これまで二人の悲恋という面で語られてきているが、マルク王についてももっと注目されるべきだ。伯父と甥の友愛関係が重要な役割を果しているのだ。それがあるからこそ、トリスタンとイズーの悲劇性が陰影を持つのだ。マルク王は嫉妬深い夫という脇役だけの存在ではないのだ。

中世文学の三つ目のオジ—オイ関係として、アーサー王とガウェインをとりあげてみたい。

ガウェインはアーサーの甥であるという。ノルウェー王となったロト王とアーサーの姉（父異いの姉）モーガナの子とされている（ブルフィンチ『中世騎士物語　騎士道の時代』による）。

彼はアーサー王に最も愛され、信任の厚かった高貴な騎士とされている。面白いことに、フランスのロマンスでは、あまり立派な人間としては描かれていない。物語がイギリスに入ってきて、突然、いい人になった。イギリス人は、アーサー王の円卓の騎士のうち、ガウェインを一番と見ている。

アーサー王伝説をはやらせるのに大きな役割を果したのはジェフリ・オブ・モンマス

の『ブリタニア王列伝』（一一三六）である。史実と伝説がごっちゃになった本なのだが、ここではアーサー王の姉モーガナは妹アナとなっており、そのアナとロトとの間にガウェインとモドレッドが生れたという。この二人の甥のうち、アーサー王はガウェインを特にかわいがり、十二歳になると法皇スルビキウスの小姓として修業させたという。やがてガウェインはアーサー王の第一の臣となった。その一方、もう一人の甥モドレッドはアーサーに叛逆し、王の遠征中に、宮廷を乗取り、王妃ギネヴィアを奪おうとする。アーサーとモドレッドの死闘のうちに、ガウェインは戦死し、アーサーとモドレッドも命を落し、アーサー王朝は滅んでいったという。

ガウェインとモドレッドが兄弟で、アーサーの甥であったかどうかについては異説もあるけれど、ともかくジェフリによれば、アーサー王朝の歴史では、二人の甥が伯父アーサーの寵愛を争っていたのである。トリスタンも別な甥アンドレとマルク王の後継を争っていた。中世騎士の時代には、オイたちは、気前のいいオジから地位や財産などをもらうのを期待していたのだろうか。

その一方、オイは、オジからの危険な使命、時には無理難題を果すこともいとわなかった。トリスタンはオジの妃を求めて、命を狙われているアイルランドに向った。

ガウェインもアーサーの身代りに危険な役を引受ける。中世ロマンスの傑作『サー・ガウェインと緑の騎士』（十四世紀）はそこからはじまる。

アーサーの宮廷キャメロットで新年の祝宴が開かれている。そこに馬に乗ったまま、巨大な謎の騎士が踏み込んでくる。その全身も馬までも緑一色である。緑の騎士は、勇士がそろっているというアーサー王の宮廷で、自分と首切りゲームをやる者はいないかと挑む。彼は大きな斧を片手に持ち、これでまず、自分の首を切れ、という。首が切られても自分が生きていたら、一年後に、今度は自分が首を切らせてもらうというゲームであった。

あまりの奇怪な申し出に、みんな息を飲んだ。ここには勇士はいないのか、と彼は嘲った。かっとしたアーサーは、私が挑戦を受けようと立上るが、ガウェインが押しとどめ、その役を自分が受ける。

彼は一撃で緑の騎士の首を落すが、騎士は首を拾って小脇に抱え、一年後に待っているぞ、と叫んで去っていった。

一年後に、ガウェインは討たれる約束を守って旅に出る。そこでさまざまな不思議な出来事に逢うが、無事にもどってくる。緑の騎士は、自然、植物の精などの象徴である。植物が死んで、次の年に再生するように、不死の神秘を語っているのだ。ガウェインは伯父に代って、死と不死の境界を旅していくのだ。

別な話でも、ガウェインはアーサーのために辛い役を引受けている。ブルフィンチの『中世騎士物語　騎士道の時代』の「騎士ガウェインの結婚」によると、アーサーはある時、魔法にかけられて捕えられた。そして、年末までに「婦人が最も望むものはなにか」という謎の答を見つけてくるという条件で解放された。

答はなかなか見つからなかった。アーサーは森の中でひどく醜い女と会った。もし、美しく礼儀正しい騎士を良人としてくれれば答を教える、と彼女はいった。アーサーは約束した。そして魔法の騎士のところへ行き、あらゆる婦人が望むのは、自分の意志を持つことだ、と彼女に聞いた答をいった。

正答を当てられた騎士は、それを教えたのは私の妹だ、彼女に呪いあれ、といった。アーサーは解放されたが、あの女との約束を果さなければならなかった。ガウェインがその醜い女と結婚することを引受けた。人々の嘲笑をあびながら結婚式がすんだ。

二人になった時、ガウェインはため息をついた。なぜため息をつくのか、と彼女に聞かれ、正直に、年寄りで、醜く、身分が低いからだといった。でも、年をとっているのは思慮深いことで、醜いのは、男たちから安全で、人間の気品は出生ではない、と彼女は答えた。そのことばにはっとして彼女を見ると、醜さは消えて美しい女になっていた。呪いで醜くなっていたのであった。美しい騎士が愛してくれたので、それがとけたのである。

中世騎士文学では、いたるところにアヴァンキュレートを見ることができる。戦場などの危機において、オジ―オイのペアは、最も頼りになる仲間だったのだろう。戦乱に明け暮れる日々の中にきらめくオジーオイの友愛のはかなさが、中世ロマンスの隠れた魅力なのである。

第二章

大いなるおじさん・おばさんたち

ゴッホのおじさん

フィンセント・ファン・ゴッホの父は牧師であった。息子も牧師になることが期待されていた。それでも彼は画家となった。ゴッホはいかに、どこで絵画に出会ったのだろうか。

ゴッホの両親は特に美術に関係がなかったが、父は兄弟が多く、そこに画商であるおじさんが三人もいたのである。

ファン・ゴッホ家は、オランダの旧家であった。祖父のフィンセント・ファン・ゴッホ（一七八九―一八七四）はブレダの牧師で十二人の子持ちであった。一人は早く亡くなったが、五人の娘と六人の息子が育った。二人の娘はポンペ将軍とフラーウェン将軍に嫁いだ。三人は未婚であった。

六人の息子のうち、五人が知られている。一番上のヘンドリック・フィンセント（ヘイン伯父）は画商になり、ロッテルダムに店を出し、後にブリュッセルに移った。二番目のヨハンネス（ヤン伯父）は海軍に入り、海軍中将となった。三番目のフィンセント・ウィレム（セント伯父）も画商となった。ハーグに画材の店を出し、やがて有力な画商となった。パリのグーピル商会と合併し、セント伯父もパリに移った。ハーグの店はテルステーフが継いだ。四番目のテオドルス（ドルス）は画家ゴッホの父であるが、兄弟の中でただ一人、父を継いで牧師になった。他の兄弟が社会的に成功し、裕福であったのに比べて、地味で質素な暮しであった。

五番目のコルネリウス・マリヌス（コル叔父、C・M叔父）はゴッホ家三人目の画商となり、アムステルダムにC・M・ファン・ゴッホ商会を開いた。

テオドルス牧師は、一八五一年、アンナ・コルネリア・カルベントゥスと結婚した。アンナはハーグの生れで、父は製本屋であった。アンナの妹コルネリアは、すでにフィンセント（セント伯父）と結婚していた。テオドルスは兄の妻の姉と結婚したわけである。兄弟と姉妹が結婚したので、セント伯父とゴッホの関係は、父方と母方の両方でつながっていた。

アンナの姉ウィレミーナは、アムステルダムの有名な牧師ストリッケル（ストリッケル伯父）と結婚していた。かなりややこしいが、ゴッホの家系を説明してきた。ゴッホのおじさんたちを紹介するためである。

一八五三年、テオドルスとアンナに男の子が生れた。祖父の名をとってフィンセントと名づけられた。それはまたセント伯父さんの名であった。セント伯父さんは親戚でも一番の成功者で金持でもあったから、この子の洗礼親《ゴッドファーザー》、保護者になってほしいという期待もあったのではないかといわれる。

その後、三人の妹と二人の弟が生れた。一八五七年に生れた弟は父の名をもらってテオドルスと名づけられた。このテオと画家の兄との手紙によって、私たちはゴッホの内面をのぞくことができる。

一八六九年、ゴッホは十六歳になった。彼はまだ画家ではなく、なにになるかも決っていない。やはりセント伯父さんに相談することになる。

セント伯父さんは、身体が丈夫ではなかったので、パリのグーピル商会を引退し、ゴッホの父の牧師館のあるズンデルトに近いプリンセンハーへの別荘で隠居生活をしていた。冬はあたたかい南フランスのマントンで過した。

「プリンセンハーへの美しい別荘はかれの珍しい絵のコレクションをおさめる画廊のために増築された。フィンセントとテオが美術の世界というものの第一印象を受けたのはここでだった。」(ヨハンナ・ファン・ゴッホ゠ボンゲル「フィンセント・ファン・ゴッホの思い出」『ファン・ゴッホ書簡全集』1　二見史郎他訳　みすず書房　一九六九)

ヨハンナはテオの未亡人であり、テオのもとに遺されていたファン・ゴッホの手紙を出した人である。

ここに記されているように、フィンセントはセント伯父のところで美術の世界に出会うのである。すでにのべたように、セント伯父とゴッホの父の妻は姉妹であったから、両家のつきあいは親しいものであったらしい。貧しいゴッホ家の子どもたちは金持の伯父さんを歓迎し、子どものいない伯父さん夫婦は、甥たちを自分の子どものようにかわいがった。

セント伯父さんは、フィンセントに自分を継がせてもいいと思い、グーピル商会に紹介した。

グーピル商会とはどのようなものであったろうか。ゴッホの一族に三人も画商がいたことは、この時代に絵画の売買が盛んであったことを示している。画商が本格的にあらわれるのは十九世紀になってからである。フランス革命で貴族階級が解体すると、雇われていた芸術家が市場を相手に仕事をすることになる。貴族の所有していた美術品が放出される。新興のブルジョア階級が美術を求めるようになる。そのような美術市場の確立で、画商が登場する。

そのような近代画商のはしりが、デュラン＝リュエルであった。一八六五年ぐらいから絵画をあつかい、画廊を開いた。やがて印象派の画家とつきあい、その発展に関わった。

グーピル商会は一八二九年にパリで出発した。はじめは版画店であった。版画を製作して売る店が画商になっていくプロセスが面白い。パリで毎年開かれるサロン（美術展）

で大衆に受けそうな絵を買う。その場合、絵を買うというのは、それを版画として複製化する権利も買取るのである。するとは版画の原画にした絵がかなりたまってくる。それを欲しい人に売っているうちに、それがしだいに本業となっていったのである。

グーピルは一八四〇年にロンドン支店、一八四八年にニューヨーク支店を開いた。一八四九年から、パリで活躍するアメリカ人画家の作品をヨーロッパで売るとともに、フランスの画家の作品をアメリカで売るという国際的な商売をするようになった。一八六二年にベルリン支店、一八六五年にウィーン支店、一八六六年にブリュッセル支店を開いた。そしてハーグで成功していたセント伯父さんの店と提携した。

一八六九年には、セント伯父さんは現役を引退していたが、グーピル商会の顧問的存在であったから、甥の就職を喜んで世話してくれた。フィンセントはハーグで、セント伯父の後任テルステーフの下で働くことになった。

ハーグは母アンナの出身地であり、フィンセントはここで母方の親戚や母の友人たちと交流した。母の妹ソフィア（フィー叔母）の家族と親しくしたようである。フィー叔母の三人の娘たちのうち、二人はそれぞれ画家と結婚している。

ハーグで、フィンセントはまじめに三年間働いた。一八七二年、十五歳となった弟テオとの文通がはじまり、一生つづいた。テオもまたグーピル商会で働くことになり、兄はそのことを喜んでいる。

一八七三年、フィンセントはロンドンのグーピルに移ることになる。パリでサロン展、ルーヴル美術館などを見てロンドンへ行く。

一八七四年から、パリ本店の勤務になる。セント伯父さんのはからいであったという。しかしこの頃から、フィンセントは仕事がうまくいかなくなる。パリの店が特に合わなかったようだ。接客部門ではなく、印刷の方だったらよかった、といっているので、人づきあいがいやになったらしい。

テオへの手紙から、美術への興味はさらに強まっている。そのことがかえってまずかったかもしれない。彼は自分の趣味を持つようになり、通俗的売り絵をいやがるようになった。

そしてさらに、自分で絵を描きたい、画家になりたいという気が目覚めてきたようである。

ロンドンの下宿の娘への失恋も大きな傷手であった。この頃から深い憂うつが彼を襲うようになる。彼はグーピルをやめた。そしてセント伯父をがっかりさせた。弟のテオは画家になることをすすめた。しかしゴッホはまだその決心をしていなかった。

セント伯父はそれでも彼を心配して、ドールトレフトにあるブリッセ&ファン・ブラーム書店の店員の職を紹介してくれた。だがゴッホは牧師になりたいといいだした。すると、アムステルダムにいる伯父たちが彼を援助した。海軍造船所長をしていたヤン伯父の家に下宿させてくれることになった。母方の伯父ストリッケルは神学を学びたいというゴッホのために古典語の先生を紹介してくれた。アムステルダムにはコル叔父の画廊があったから、ここでいろんな絵画を見ることができた。

せっかく本屋の仕事を紹介したセント伯父は、アムステルダムで牧師の勉強をしようとする考えには反対で、甥の世話から手を引いた。

牧師になるための勉強は、やはり彼には向いていなかった。それから学問や資格のいらない伝道師となり、ベルギーのボリナージュの炭鉱で伝道した。しかしあまりに禁欲的でエクセントリックな行動は教会とうまくいかなかった。

そのようなさまよいの中で、ゴッホはついに、絵でやっていこうと決意する。その頃、テオはグーピルでの仕事に慣れ、画家になろうとする兄の手助けをするようになった。ゴッホは父の家で絵を描いていたが、父と口論となり、追出されてハーグに行った。そこで身重の娼婦と同棲したりした。

一八八五年、父が急死した。極貧の中で絵を描き、さまよっていたゴッホはパリに出て、テオのところへころがりこむ。モンマルトルのリュールピック五四番地に二人は住んだ。ゴッホはようやく、生活の心配なく、広いアトリエで絵を描くようになり、パリのボヘミアン芸術家たちの世界に紹介される。

兄との二年間の共同生活はテオにとってしだいに辛いものとなった。ゴッホは弟に、グーピルなどやめて、本当にいい絵だけをあつかう自分の画廊を開けと迫った。ゴッホはエミール・ベルナールと友人になった。クローゼル街の絵具屋タンギーおやじはゴッホの絵をショーウィンドーに飾ってくれた。ロートレックやゴーガンとも知合いになった。

しかしすでにパリにあきたゴッホは、南のアルルに行った。南仏の太陽は彼の想像力を刺激し、「ひまわり」の絵をはじめとして、ゴッホの黄金の光が降りそそいでいる絵画群が生み出される。

ブルターニュにいるゴーガンから、金に困っているので、絵を買ってくれるよう、テオに頼んでほしいという手紙が来た。ゴッホはアルルで一緒に住まないか、と誘った。芸術家の共同体《コミュニティ》というのは、ゴッホのあこがれであった。

だがゴーガンとの共同生活はすぐに破綻する。ことごとく意見が対立し、ゴッホは異常に興奮する。そして自分の耳を切るという事件が起きる。

狂気に襲われたゴッホは入院する。すっかり回復したかに見えて退院する。

この事件のあった一八八八年、ゴッホ兄弟を援助してくれたセント伯父が亡くなり、その遺産はテオに贈られる。兄は遺産を拒否していた。テオは画商として独立し、兄の友人の画家たちを助けることができた。彼はヨハンナ・ボンゲルと結婚した。

一八八九年、ゴッホは狂気に悩みつつ、自らサン・レミの精神病院に入った。病いに翻弄されながら彼は「麦刈る男」を描いた。

テオはパリの近くの病院をさがし、オーヴェル・シュル・オワーズに見つけた。そこの病院のガッシェ博士は印象派の理解者であった。すべてはいい方へ向っているように見えた。だが一八九〇年七月、ゴッホはピストルで自分を撃った。

兄の死はテオの精神も引裂いてしまった。彼はグーピル商会とけんかをしてやめ、次の年、ユトレヒトの精神病院で死んだ。兄弟はまるで双子のような友であり、一緒にしか生きられなかったのである。テオは母親への手紙に書いている。

「ああ、お母さん、かれはあんなにぼくの、ぼく自身の兄さんだったのです。」(『ファン・ゴッホ書簡全集』1)

フィンセントとテオの兄弟物語はよく知られている。しかしそこに影を落しているセント伯父さんのことを、これまで私はあまり注目したことがなかった。

画商であり、美術コレクターであったセント伯父さんは、ゴッホに美術世界を目覚めさせてくれた人である。子どもがいなかった伯父さんは、自分と同名の甥をかわいがり、自分の後継者として、財産を贈るつもりであった。

しかし甥のフィンセントは美術世界一般ではなく、自分の独自の世界を見出そうとし、コマーシャルの業界を捨て、セント伯父さんをがっかりさせる。

伯父さんの期待はテオに受け継がれる。彼はグーピル商会で成功し、やがて独立の画商として成長していった。伯父さんの遺産はテオに与えられた。兄はことわったが、テオを通して、兄のためにも使われたのである。

だが、ゴッホ兄弟は断ち切るように、その生を終えた。セント伯父さんの遺志はむなしくなったのだろうか。

いや、伯父さんの最初の期待とはちがったかもしれないが、結果としてかけがえのない一人の画家を生み出したことで、伯父さんの夢は果されたのではなかったろうか。

これまでセント伯父さんは、ゴッホをビジネスマンにしようとして、それがうまくいかなくて手を引いてしまった人として、ゴッホの伝記のはじめにしかあらわれない。でも私は、ゴッホに絵の世界を見せてくれた人として、ささやかなオマージュを捧げたい。

ストラヴィンスキーのおじさん

二十世紀の代表的な作曲家の一人イーゴリ・ストラヴィンスキーは一八八二年、ロシア帝国の首都ペテルブルクに生れた。両親は彼を音楽家にする気はなく、安定した生活を期待できる官吏にするため、大学で法律を学ばせることにした。

　といっても、彼の家庭に音楽がなかったわけではない。なにしろ彼の父はペテルブルクの帝室歌劇場の首席バス歌手であった。だが息子に継がせる気はなかった。九歳から彼はピアノを習ったが、上流家庭の教養、趣味のための習い事としてであった。

ストラヴィンスキーは自伝で、自分が音楽家になったのは、両親以外の人々の影響であることを強調している。

彼は両親からの音楽的な影響を、自伝でできるだけ低く書いているのではないか、という見方もある。彼はブルジョアの俗物である父親を嫌い、家庭ががまんできず、早く出たいと思っている。そのような無意識的嫌悪が、父親からの音楽的影響を認めさせないのだ。

その代り、彼の音楽的目覚めは外の人たちがもたらしたものであることを、くりかえし語っている。たとえば十一歳の時、彼はグリンカのオペラ『ルスランとリュドミラ』を帝室オペラ座で観た。父が主演していた。ところが大事なのはそのことではなく、劇場のロビーでチャイコフスキーの姿をちらりと見たことであった。その半月後にチャイコフスキーはコレラで急死してしまった。

「この時から私は芸術家になりたい、音楽をやっていきたいと強く意識しはじめたのだと思う。」（『ストラヴィンスキー自伝』塚谷晃弘訳　カワイ楽譜　一九七二）

音楽家になりたいという彼の夢は両親に認められず、無味乾燥な大学生活を送らなければならなかった。彼に手をさしのべる伯父さんがあらわれる。

「私の野心の芽ばえが、いくぶんでも奨励されたただ一つの場所は、母の義兄、イエラチッチ伯父の家だけであった。伯父も、その子供たちも、非常に進歩的な音楽作品、あるいは当時そのようにうけとられていた作品を擁護する傾向をもった熱烈な音楽ファンであった。伯父は、富裕な地主、高級官吏、司法官、弁護士といった、当時、ペテルブルグで羽振りのよい階級に属していた。彼らのすべてはリベラリストであることを誇りにし、進歩を謳歌し、政治、芸術、社会のすべての分野に対して、いわゆる〝進歩的〟な見解を述べるべきだと考えていた人たちであった。」

ストラヴィンスキーはイエラチッチ伯父さんのところで、新しい音楽だけでなく、十九世紀末のロシアで激動がはじまりつつあった文化革命の波に触れたのであった。

アレクサンドル・イエラチッチは、イーゴリの母の姉ソフィアの夫である。サマラ県（ヴォルガ川の東）に大きな領地を持っていた。ストラヴィンスキーは一八八五年、サマラへ旅をした。この時はまだ三歳である。そして一九〇三年、二度目のサマラへの旅をした。大学にうんざりし、これからどうするか迷っていた。

伯父はだれよりも早く、甥の音楽的才能を認め、はげましてくれた。この伯父のところで、彼の最初の作品「ピアノのためのソナタ」が書かれたといわれる。しかしこの作品は失われてしまった。

伯父はベートーヴェン、ブラームス、ブルックナーの音楽を甥に紹介した。ストラヴィンスキーは伯父とピアノのデュエットをするのが好きであった。ロシア音楽では、ムソルグスキーが伯父のお気に入りであった。さらにヴァーグナーの四部作も伯父に教えられた。ストラヴィンスキーは帝室交響楽団のレパートリーにはないヨーロッパの現代音楽の世界を知ったのであった。

伯父にはげまされて、音楽家の道を歩き出したストラヴィンスキーは、ペテルブルクの芸術家のサークルに近づいていく。

退屈な大学もまったく無駄ではなかった。彼はそこで作曲家リムスキー＝コルサコフの息子と友だちになった。その縁にすがって、一九〇二年、ハイデルベルグで夏休みを過していた作曲家に会いに行った。音楽家になりたいという彼の願いに対して、基礎的な技術が不足しているとのべ、それを習得してからなら、教えてやるといった。

半分がっかりしたが、希望もあった。リムスキー＝コルサコフは非常に率直な人で、才能のない者にはやめた方がいい、とはっきりいった。基礎ができたら、というのはまったく可能性がないわけではないらしい。

一九〇二年十一月、父が急死した。ストラヴィンスキーは父を気にせず、音楽に専念できることになった。その頃、セルゲイ・ディアギレフが前衛雑誌『芸術世界《ミル・イスクストヴァ》』を発行し、アカデミズムに対する芸術革命の旗を掲げていた。フランスの現代美術とともに現代音楽も流れこんできた。ドビュッシーやフォーレなどの作品が新鮮に響いた。

一九〇二年の父の死はストラヴィンスキーを大きくゆさぶった。それまで父と対立し、拒否してきた。しかし失ってみてはじめて、父がやはり自分を愛してくれていたことに気づいたのであった。それを避けていたことを悔いた。そして父に捧げることができなかった敬愛をリムスキー＝コルサコフに捧げた。

父が亡くなった時、ストラヴィンスキーは家を出て、イエラチッチ伯父の息子のところに避難した。うるさい母と一緒に住みたくなかったらしい。しかし母が病気になり、家にもどらなければならなかった。それだけ一層、彼はあたたかい家庭を求めた。それが伯父さんやいとこの家であり、リムスキー＝コルサコフの家であった。

「リムスキー家でのレッスンは親密な雰囲気の中でおこなわれ、終ったあとも家族と食事を共にするのがふつうであった。師と弟子の間柄は密接になっていくばかりである。一九〇六年に、ストラヴィンスキーはいとこのカテリーナ・ノセンコと結婚した。ロシアの習慣にしたがって結婚には名の親がつく。リムスキー＝コルサコフがこれを引き受けた。同じころ、一九〇六年から七年にかけて、おそらく師の懇切な指導のもとで、ストラヴィンスキーは最初の重要な、すくなくともはじめて出版された作品を書いている。《交響曲変ホ長調》である。」（ミシェル・フィリッポ『ストラヴィンスキー』松本勤他訳　音楽之友社　一九七二）

リムスキー＝コルサコフは結婚式の代父であった。父の代りであり、一種のおじさんであった。

当時、ペテルブルクは一九〇五年に激発したロシア革命の中にあった。音楽院も改革をめぐって荒れ、リムスキー＝コルサコフは自宅で学生に教えていた。

ストラヴィンスキーはリムスキー＝コルサコフ家に出入りし、いとこたちと一緒に演奏したり、作品をリムスキー＝コルサコフに見てもらったりした。先生は手きびしくそれをけなしたが、他の人には、まったくろくな弟子がいない、ストラヴィンスキーのひどい作品ほどのものでさえ書けないんだから、といった。

きびしく、あたたかい先生であった。ストラヴィンスキーがカテリーナと結婚したのは、ロシアが革命で騒然としていた時であった。一九〇六年一月、親戚はだれも出られず、リムスキー゠コルサコフの息子たち、アンドレイとウラディーミルだけが付添って、式を挙げた。家にもどると戸口にリムスキー゠コルサコフが待っていて、イコン（聖像）を二人の顔の上にかざし、祝福を与えた。ちょっとホロリとさせられる。

そして偶然ではあるが、この年、リムスキー゠コルサコフは埋もれていたムソルグスキーのオペラ『結婚』に新しい手を入れて発表する。

「次にはあの有名な「結婚」にとりかゝるのであるが、この歌劇の原稿はスタソフの考へでその頃まで無遠慮な人たちの眼を避けて帝室図書館に秘蔵されてゐた。これをスタソフと同意の上で或夜ジギスモンド・ブルメンフェルトと娘のソニアとテノール歌手のサンドレンコと若いストラヴィンスキイとで演奏したのである。伴奏は妻が受け持つた。かうして日の眼を見たこの作品は、予想されたやうに音楽性の点では欠陥があつたけれど、その表現の精神は並居る人々を驚かせたのである。」（『リムスキイ・コルサコフ自傳』清水脩訳　河出書房　一九四一）

ストラヴィンスキーが後にオペラ『結婚』（一九二三）を作曲するのも、ムソルグスキーの『結婚』の改訂版上演に関わったことが影響しているのだろう。

一九〇八年、リムスキー゠コルサコフの次女ナディアがニコライ・シテインベルクと結婚したので、ストラヴィンスキーはお祝いに『花火』を作曲した。そのスコアが届けられる直前、リムスキー＝コルサコフは亡くなった。

ストラヴィンスキーはペテルブルクでの師の葬式に出たはずだが、『自伝』では葬式の日のことになにも触れず、その墓は父の墓の近くだ、と記すのみである。そのことが気になったらしく、ロバート・クラフトは葬式に出席したかどうか訊ねている。もちろん出席したが、人生の最も不幸な時だったから、なにも触れたくなかったのだ、という。ストラヴィンスキーは師の棺にとりすがり、涙がとまらなかった。だがそれだけではなかった。ひどいことが起った。

「未亡人が泣いている私に近寄ってきていった。『なぜそんなに嘆くの？　まだグラズーノフがいるじゃないの』それは私が聞いた最もひどい話だった。人生でこれほど腹が立ったことはなかった。」（ロバート・クラフト『ストラヴィンスキーとの対話』一九五九）

グラズーノフはリムスキー＝コルサコフの後継者といわれていた。未亡人はストラヴィンスキーを慰めるつもりでこんなことをいったのだろうか。彼にしてみれば、父よりも愛した人の代りなどあり得ない、という気持だったのだろう。

一九〇八年のリムスキー＝コルサコフの死は彼を打ちのめした。だが幸せなことに、この年、音楽家の道を彼のために切開いてくれる別な〈おじさん〉に出会った。それはグラズーノフではなく、セルゲイ・ディアギレフであった。

ディアギレフは一八九〇年、ペテルブルクに法律を学ぶために出てきたが、新しい芸術運動に巻きこまれ、若い芸術家のグループの中心となった。一八九八年から一九一〇年まで雑誌『芸術世界』を発行し、フランスの世紀末芸術を紹介するとともに、ロシアの世紀末芸術を育てた。一九〇七年にはパリでロシア音楽の演奏会を開き、一九〇八年にはパリでムソルグスキーのオペラ『ボリス・ゴドゥノフ』を上演した。主役のシャリアピンが大評判となった。

一九〇九年にはロシアのオペラとバレエをパリで上演し、センセーションを巻き起すことになる。一九〇八年に、ディアギレフはそのために、若い才能をさがしていたのである。ストラヴィンスキーの『花火』が彼の注意をひいた。

ディアギレフははじめ作曲家になろうとしたという。それをやめさせたのはリムスキー゠コルサコフであった。作曲をあきらめたディアギレフはアントレプラナーになった。興行主、企業家、プロモーターなどの意味がある。なにかの企画を立て、それにふさわしい人材を集め、また資金を集めて企画を実現する、というまとめ役としてすばらしい才能を発揮した。

ディアギレフが一九〇九年に結成したバレエ・リュス（ロシア・バレエ団）は、二十世紀初頭のヨーロッパを代表する文化現象となった。ストラヴィンスキーはその一員としてスカウトされたのであった。

ディアギレフのまわりには多彩な芸術家が集った。天才的なダンサーであったニジンスキーから後援者のココ・シャネルまで。それらの芸術家たちにとって、ディアギレフはどのような存在だったろうか。もしかしたら、彼らにとって、大いなる〈おじさん〉だったのではないだろうか。

ジャン・コクトーは、ディアギレフに「私をおどろかしてごらん」といわれて『パラード』を書いた。その上演は観客を怒らせてスキャンダルになった。

ストラヴィンスキーもディアギレフをおどろかすため、音楽の革命といわれた『春の祭典』をつくった。

ディアギレフはまったくそれまでなかったもの、おどろかすものを若い芸術家に求めた。彼でなかったら、まだ三十にもならない未知数のストラヴィンスキーに『火の鳥』『ペトルーシュカ』『春の祭典』の作曲をいきなりまかせることなどなかったろう。

ストラヴィンスキーは、一九〇八年から一九二九年のディアギレフの死まで、この〈おじさん〉の保護の下に創作をつづけた。『自伝』ではディアギレフについて次のようにのべている。

「彼は私の才能を見出した最初の人であった。彼はかけだしの私を勇気づけてくれたし、効果的な援助をして支えてくれた。彼は私の音楽を愛してくれたし、私の将来性を信じてくれた。そのうえ、彼はあらゆるエネルギーを投入して、私の才能が世間に知られるように努力してくれたのである。……彼の死後、何年もたった今日、ようやく彼の死によって生じた大きな穴がどれほど大きいかということに人々は気づきはじめた。」

ストラヴィンスキーは画家コンスタンティン・コローヴィンのことばを引いている。画家はディアギレフに、あなたという人がいるということだけで、私はあなたに感謝する、といったそうである。

その人がいてくれるだけで、私は自分が今ここにいる意味を感じることができる。そのように感じさせてくれる人を、〈おじさん〉〈または〈おばさん〉〉と呼ぶことにしたい。ストラヴィンスキーは、イエラチッチ伯父の他にも、リムスキー＝コルサコフ、ディアギレフという〈おじさん〉を持つことができたのであった。

ロダンのおじさん・おばさん

オーギュスト・ロダンの家系は、特に彫刻家が生れそうもないもので、両親も息子をそんなものにする気はなかった。

一八四〇年十一月十二日、フランソワ・オーギュスト・ルネ・ロダンはパリのアルバレート三番街で生れた。セーヌ左岸で、ムフタール市場通りで、職人の街であった。ロダンの両親は地方からパリに出てきた人で、労働者とブルジョアの間ぐらいといわれている。父はノルマンディーからパリに出て警察に入り、警視となって退職している。母マリー・シェフェールはドイツとの国境に近いロレーヌ出身であった。シェフェール家の方には彫版師、意匠家、印刷屋になった人がいた。ロダンは、芸術的な血を母方から継いだかもしれないが、直接なものではなかった。

両親とも熱心なローマン・カトリックの信者であり、オーギュストもカトリックの学校に入れられた。彼には二つ年上の姉マリアがいた。弟の芸術家への夢を理解してくれたのは彼女だけであった。

母方の従兄弟たちはロレーヌからパリに出稼ぎに出てきて、一時、ロダン家に寄宿した。その一人オーギュスト・シェフェールは、従妹の一人アンナ・ロダンと結婚し、紋章彫師となった。印刷工や商業デザイナーになった従兄弟もいた。

母方の従兄弟がパリで芸術的な仕事に就くのは、ロダンにとって刺激になったかもしれない。しかし警察一筋に生きた父は、不安定な芸術商売には反対であった。

一八四八年、ロダンは八歳でキリスト教義普及会の学校に入った。しかし、読み書きはちっとも上達せず、馬鹿な子と思われた。近視のせいもあったらしい。だが、なにかを写生するのが好きだった。

父は勉強を怠けて絵など描いている、と思った。彼の絵をほめてくれたのはテレーズ叔母さんであった。彼女はロダンに絵具箱をくれたのである。

母マリーは五人姉妹であった。そのうち三人が働きにパリに出てきた。一人は、作曲家フランソワ・オーベールの家政婦となった。次がマリーで、バプティスト・ロダンと結婚し、マリアとオーギュストを生んだ。一番若いテレーズは、画家ミシェル＝マルタン・ドローリングの家政婦をしていた。

テレーズは頭がよく、字が書けた。オーギュストの出生届も彼女が書いたという。画家の家政婦というのは、愛人でもあった。そして三人の男の子を生んだ。オーギュスト、エミール、アンリ・シェフェールである。三人とも画家ドローリングの子だったかどうかわからないが、子どもたちには芸術的才能があった。彫版師、意匠家、印刷屋になったのは実はこの三人だったのである。

いささか微妙な関係ではあるが、テレーズ叔母さんは芸術界にくわしかった。彼女は甥のオーギュストを非常にかわいがり、自分の子に同じ名をつけたぐらいであった。父はオーギュストから絵をとりあげようとしたが、テレーズ叔母さんは彼に古い絵具箱をくれた。画家のアトリエからもらってきたのかもしれない。オーギュストはなんにでも色を塗った。

両親は計算もできない息子を心配して、ボーヴェーの伯父さんに預けて仕込んでもらうことにした。一八五一年、十一歳の時である。この伯父さんの名はこれまでの伝記でアレクサンドルとされてきたが、フレデリック・V・グルンフェルドの『ロダン伝』（一九八七）によるとジャン＝イポリート＝セザール・ロダンで、ロダンの父バプティストの兄である。アレクサンドルは弟らしい。

ジャン＝イポリート＝セザールは、生物学者、教師となり、ボーヴェーに少年のための学校を開いた。パリから少し北である。この伯父さんは甥にラテン語と算数を徹底的に教え込もうとした。ところが、オーギュストの頭にはなにも入らなかった。彼は後に、黒板の字が見えなかったのでなにもわからなかったといっている。もし彼の視力に問題があるとわかれば、伯父さんは眼鏡を掛けさせたろう。しかし彼はそのことを一言も伯父さんにもらさなかった。それほど頑固に自分に閉じこもっていたのである。

寄宿学校での四年間は悲惨なものとなった。伯父さんはついに甥の教育をあきらめて、ロダンを家にもどした。

このエピソードは、伯父さんが出来の悪い甥を見放した、というふうに語られてきた。しかしこの四年間はまったく無駄ではなかったようだ。ラテン語や算数はだめだったかもしれないが、オーギュストは伯父さんが読んでくれた詩や物語になにかを感じた。彼はそこではじめて〈文学〉に触れた。ことばがなにかを語りかけてくる力を感じ、想像力をかきたてられたのである。彼は人々に語る説教師になりたいと思った。

ボーヴェーは大聖堂のある古都である。ロダンは後にゴシック芸術に魅せられ、『フランスの聖堂』（一九一四）を書いた。ボーヴェーで過した四年の間に、そのきっかけが準備されていたのではないだろうか。

しかしロダンは一八五四年、ラテン語はあきらめてパリにもどってきた。ボーヴェーの伯父さんから学んだのは本を読むことであった。彼はパリの図書館に入りびたり、ミケランジェロの本を見つけ、彫刻に目覚めたといわれる。そして父は賛成ではなかったらしいが、とりあえず、プティット・エコール（小校）に入った。グランド・エコール（美術学校）に対して、工芸や装飾を教える職業専門学校であった。

しかしこの学校には、一つの利点があった。美術学校が旧式のアカデミズムに縛られていたのに対し、ここでは自由なデザイン教育の可能性があったのである。ロダンはここでルコック・ド・ボワボードランというすばらしい先生に出会った。ペール・ルコック（ルコック親父）と生徒に慕われていた。彼は後に「氏より学んだことは、今も私の中にある」と師を讃えている。

一八五七年、ロダンは小校を卒業した。さらに美術学校に行きたい、と彼は思った。両親は反対した。姉マリアはなんとか弟の希望を叶えてやりたい、と父を説得した。ボーヴェーの伯父さんにもまた相談した。その結果、イッポリト・マンドロンという有名な彫刻家にロダンに見込みがあるかどうか見てもらうことになった。

マンドロンは才能があるといった。父親もやっと美術学校に進むことを許した。ところが美術学校の入試で落ちた。三回受けてもだめだった。

だが、それでもロダンはあきらめなかった。自分を受入れない美術学校で習わなくても、働きながら自分で彫刻家になろう、と決心する。彼はそれから建築家や装飾美術家の手伝い、下働きとして、無名の職人として、働きつづける。

しかし、彼をはげましてくれたマリアが急死した時、絶望した彼は、この世も、彫刻もあきらめて、聖サクラメント修道会に入った。そしてエイマール神父に出会った。

神父は、貧しい労働者の子どもたちが、不良化し、犯罪者になっていくのを救おうとする運動を進めていた。ロダンはエイマール神父の小さな教団で修道士となり、そこで神父の肖像をつくった。

　神父はこの若者の不思議な才能におどろいたようである。このままその才能を埋もれさせていいのだろうか。神父はロダンを説得する。君は彫刻によって人々に救いと慰めを与えることができる。それは君にしかできないことだ。世の中にもどりなさい。そこでつくりつづけなさい。

　姉の死の悲しみを越えて、ロダンはまたこの世に、彫刻にもどってくる。今度こそ、決して後もどりをしない自分の道を見出したのだ。その道はエイマール神父という、精神的な〈おじさん〉によって示されたものであった。

　それからはどんな仕事でも働いた。下請け、下働きの半端仕事で、小劇場の壁につける小彫刻から軒下の装飾まで。もちろんサインなどない。この時代のロダンのおびただしい仕事は、ほんの一部しかわかっていない。大部分は失われてしまった。

　一八六四年、ロダンはカリエ＝ベルーズという人気彫刻家の助手となった。カリエ＝ベルーズは個人的芸術家というより、数十人の職人を使う大工房のディレクターであった。豪華な装飾をほどこした小像、花瓶、家具、時計などを、彼の手本によって職人たちが量産し、それが流行品として高価に売れるのであった。ジョルジュ・サンドやナポレオン三世の肖像なども制作した。

　カリエ＝ベルーズは、大きな帽子、黒いマントなどスタイリッシュな芸術家のスタイルで社交界に出入りをした。パリのシャン＝ゼリゼに建つ豪華なマンションの装飾などを彼は引受けた。そこに飾る彫像などがロダンにまかされる。

ロダンはこの頃、製菓工場で働くローズ・ブレと出会い、同棲するようになった。そして子どもができた。ロダンは妻子を養うために一日十二時間、下請け仕事をした。タバコは吸わず、酒もめったに飲まなかった。一八七〇年、普仏戦争がはじまり、ロダンも兵役にとられたが、眼が悪いのでもどされた。しかし戦時のパリでは仕事がなかった。カリエ＝ベルーズはベルギーのブリュッセルの商業取引所の装飾を請負っていた。ロダンはブリュッセルに行き、カリエ＝ベルーズの下で働いた。彼は小像をつくった。それにカリエ＝ベルーズがサインをして売った。ある時、ロダンは小像に自分の名を入れた。それが知られて、カリエ＝ベルーズにくびにされた。彼はローズをブリュッセルに呼んで、この地でそのまま働くことにした。

パリに残った父と、ロダンの息子は、いつも親切なテレーズ叔母さんが世話をしてくれた。叔母さんは洗濯女をして働いて、二人を食べさせていた。

ロダンはブリュッセルで苦しい生活をつづける。しかし少しづつ、若い芸術家たちと知合い、そのネットワークの中で彫刻家として認められてゆく。

一八七五年、イタリア旅行をして、あらためてミケランジェロなどに大きな刺激を受ける。そして「青銅時代」にとりかかる。

しかし生活は相変らず苦しい。一八七九年、三十九歳になったロダンはセーヴル陶磁器工場の臨時雇いになった。

四十歳になって、やっといくらか運が開けてくる。国から「地獄の門」の注文が来る。まるであふれ出してくるように、おびただしい彫刻像が生み出される。それまで下請けとしてつくりつづけてきた小像、装飾などのイメージが彼の作品として甦ってくるようであった。

セーヴル陶磁器工場での仕事は、実は、ここの製作部長となっていたカリエ゠ベルーズの世話であった。ブリュッセルでは、彼の工房の作品にロダンが自分の名を入れたので、けんか別れをしていた。だが、カリエ゠ベルーズはロダンの仕事を非常に評価していたので、あの時の怒りを忘れて、ロダンを招いたのであった。

セーヴル工場での仕事はうまくいかなかったが、それでもパリの人々はようやくロダンを評価するようになった。十九世紀末の新しい精神がやっとロダンを理解しはじめた。彼の時代がきたのである。

カリエ゠ベルーズはロダンの腕を利用し、さんざん自分の仕事の下請けをさせておいて、使い捨てたように見えるのだが、彼なりにロダンを評価していたらしい。彼の工房での仕事はすべて彼のものとなったのではあるが、それは決して無駄だったわけではない。ロダンはそこで多くの表現を学んだのではないだろうか。そう考えると、おしゃれで欲深なこの〈おじさん〉もロダンのためにある役割を果したといえるかもしれない。一八八〇年代、九〇年代はロダンの黄金時代である。豊かな作品が次々と流れ出す。一八八三年、四十三歳のロダンは十九歳のカミーユ・クローデルに出会う。若き女流彫刻家として注目されていたカミーユはロダンにあこがれ、弟子となる。そして師を恋するようになる。

四十を過ぎるまで、ロダンは下積みの苦しい生活を送ってきた。正式に結婚をしてはいなかったが、ローズがその苦労をともにしてきた。だが、四十を過ぎて、ふと自分が人々に注目され、仰ぎ見られる存在になっていることに気づいた。若い娘が彼にあこがれ、先生と慕ってくるのだ。

彼はそれまで、ボーヴェーの伯父さん、テレーズ叔母さん、そしてエイマール神父やカリエ゠ベルーズなどの〈おじさん・おばさん〉の世話になってきた。だが今や、彼が〈おじさん〉なのであった。

一八八三年から一八九八年まで、カミーユ・クローデルと〈おじさん〉との関係はつづいた。師として愛人として、カミーユはロダンおじさんと葛藤し、傷つき、精神を病んでいった。その物語をここでくわしくのべるゆとりはないが、二人の関係は、親子（垂直）でも夫妻（水平）でもなく、オジーメイとでもいうような、斜めのものであった。ロダンはカミーユに心ひかれつつも、やはりローズとの安定した関係にもどっていった。

一九〇〇年、六十歳になったロダンは、社交界の寵児となり、そして、公爵夫人との浮名を流すといったおどろくべき変貌のうちに、一九一七年、その幕を閉じる。死の直前、ローズと正式に結婚した。華やかな後半生は夢幻のようなものであり、ローズとともに苦闘した彫工の時代こそ、自分の本当の生なのだ、と感じ、そこにもどっていったのかもしれない。

ニュートンの姪

アイザック・ニュートンといえば、近代科学の父、偉大なる物理学者ということになっているが、それだけでは語りきれないようなおどろくべき人である。

彼の生涯は、ケンブリッジ大学で研究に没頭していた前半生と、ロンドンに出て造幣局に勤め、長官として剛腕を揮った後半生とにくっきり分かれている。性格も別人のように変化した。学究時代はひたすら研究で、人づきあいも避けていたが、ロンドンで役人になり、晩年にはロイヤル・ソサエティ（王立協会）の会長となると、社交的になり、派手なパーティで堂々と振舞った。

研究室しか知らない学者といったイメージとちがって、世俗的で、金もうけがうまいといった面があった。

その研究であるが、近代科学の研究に収まりきれないところがあった。錬金術に夢中になっていたのである。当時は神学校であるケンブリッジ大学で、異端の魔術を研究しているとわかったら追放されてしまうので、内緒でやっていた。いよいよケンブリッジ大学を去ることになった時、研究していた文書を箱に詰めて、置いていった。

その箱は忘れられたままになり、二百年ぐらいたって、ガラクタとして処分されたらしい。そして一九三六年にサザビーのオークションに出されたのである。その多くを手に入れたのが、経済学者ジョン・メナード・ケインズであった。ケインズによって、ニュートンの知られざる一面が明らかになった。ニュートンは近代科学の始祖というより、中世の魔術師の最後といえるかもしれないのである。

ニュートンは一六四二年に生れた。一六六一年からケンブリッジで学び、一六六九年に教授となった。光学理論、重力理論などで目ざましい成果をあげて、学者として認められるようになった。その頂点は、一六八五―一六八七年の『プリンキピア』の発表であった。そこでニュートンの代名詞のような〈万有引力〉の理論が示されたのである。

しかし『プリンキピア』は激しい論争を巻き起し、ニュートンを悩ませた。彼はすでに五十歳になろうとしており、これから新しい理論をさらに発展させるには、科学者としてのピークを過ぎていた。そろそろ社会的に恵まれた地位を求めてもいいのではないか、と彼は考え、ロンドンで役職をさがしはじめた。

一六九六年、彼は造幣局のポストを得て、ロンドンに出た。この時、ケンブリッジに錬金術の文書を入れた箱を置いてきたのである。

英国ではオランダから来たオレンジ公ウィリアムがメアリー女王とともに王位に即い

た。ウィリアムはアウグスブルク同盟を結成してフランスのルイ十四世と戦いつづけていた（一六八八―一六九七）。そのために英国は軍事費を必要とし、経済危機であり、造幣局の役割も重要であった。

ニュートンを造幣局に世話したのはチャールズ・モンタギューであった。彼はマンチェスター伯爵の一族で、ケンブリッジのトリニティ・カレッジで学んだ。ここでニュートンと親しくなった。ニュートンは当時、教授であり、モンタギューは彼より十九歳も若い学生であった。気むずかしい教授とスマートで才気走った若者の間にどうして友情が芽生えたのか不思議である。その友情は一生つづいた。

ニュートンについていいかげんなゴシップをばらまいたのはヴォルテールであった。彼は、ニュートンは女性との交渉がなかった、といっている。これはどうかわからないが、ケンブリッジ大学はかつて神学校であり、ずっと後まで、教授の結婚は認められなかった。彼らは修道僧のように独身生活をした。ニュートンは大学を離れたが、一生独身であった。

その代り大学では、ホモセクシャル（同性愛）またはホモソーシャル（友愛）が一般的であった。ニュートンとモンタギューの間には、おじと甥のような親しさがあったろう。

モンタギューは政治にひかれていたのでロンドンに出た。彼はマンチェスター伯爵夫人と結婚した。彼のおじさんの未亡人で、二十歳近く年上で、九人の子連れであったというから、政略結婚であったらしい。ともかく彼は政界で出世していった。ウィリアム三世は彼をハリファックス男爵にした。

モンタギューはやがて大蔵大臣となり、ニュートンに造幣局の長官のポストを提供したのである。かつてケンブリッジでは、甥のようにニュートンおじさんの保護を受けたのだが、今や、大物となり、ニュートンの世話をするようになったのである。

こうしてニュートンはロンドンにやってきた。彼があまりにあっさりと研究生活を捨てたことを後世の伝記作者たちは残念がっている。もしあのまま、ケンブリッジに残って研究をつづけたら、どんなに科学が進歩したろうか。

しかしニュートン自身は、特になにもいわずに転職して新しい人生をはじめた。造幣局の長官というのは、毎日出なくてもかまわなかったらしいが、ニュートンはまじめに出勤して、精力的に働いた。特に熱心だったのは贋金づくりの摘発であった。まだ貨幣が安定せず、贋金が横行していた。

さて、前置が長くなったが、いよいよニュートンの姪が登場する。名はキャサリン・バートン。魅力的な美人である。

ケンブリッジにいる時は、研究一筋の質素な生活をしていたのだが、ロンドンに出てくるとそうはいかなかった。上級の役人であるから、それなりの立派な邸を構えなければならない。客を招いてディナーを出さなければならない。身なりだって整えなければ。

独身であるニュートンには奥さんがいないので、だれか家事の面倒を見る人が必要である。そこで親戚の娘キャサリンにそれをやらせることになった。

キャサリン・バートンは、姪といってもかなり複雑である。ニュートンの母ハンナはバーナバス・スミスと再婚した。そのスミスの妹の娘がキャサリンなのだ。

くわしいことはわからないのだが、女嫌いといわれるニュートンもこの姪はかわいがった。母ハンナ以外では、ニュートンと親しかった唯一の女性のようである。

ともかく、ニュートンがロンドンに出てきた時、キャサリンを呼びよせて、家事をまかせることにした。彼女は美人で頭がよく、愛想もよかったので、ニュートン家を訪れる人々の人気を集めるようになった。ニュートンに会うより、彼女と会うのを楽しみにする男たちもいた。

その一人がジョナサン・スウィフトである。スウィフトは一六六七年、ダブリンに生れた。小さい時、父を亡くして、伯父ゴドウィンの世話になっていた。ダブリンのトリニティ・カレッジに学ぶが、伯父との仲はよくなかった。

卒業後、サー・ウィリアム・テンプルの秘書などをしながら、しだいに政治評論家として注目される。ヘスタ・ジョンソン（ステラ）という少女にひかれる。ステラとの関係はずっとつづき、ダブリンとロンドンを往来しながらステラへの手紙を書いた。ロンドンでの事件や生活が書かれているが、ここに、ニュートン家のキャサリンのことが報告されている。キャサリンとカードをやったりするほど親密であったらしい。

スウィフトは一七一〇年から一七一三年にかけてロンドンに滞在している。一七一〇年にはホイッグ党内閣が倒れ、トーリー（王党）が勝利した。スウィフトはホイッグからトーリーに乗換えたので、変節者といわれた。この頃のことは『ステラへの消息』（一七六六）に記録されている。キャサリンと親しくしていたのも、この時期のようだ。

スウィフトはハリファックス卿となったモンタギューとも知合いであった。

ハリファックスは一六九八年に妻を亡くし、独身生活をしていた。彼はホイッグ党のメンバーでつくったキット・カット・クラブで乱痴気パーティを開いたりしていた。彼もまた、キャサリン・バートンの魅力にとらえられた一人であった。

二人の仲は評判になった。そしてついに、ニュートンは美人の姪のおかげで造幣局の長官になれたのだ、と噂された。その噂をヨーロッパに流したのはまたしてもヴォルテールであった。彼はロンドンを訪れた時にキャサリンのもてなしを受けている。それにもかかわらず悪口をいった。

「私は若い頃、ニュートンは彼自身の偉大な功績で幸運を切り開いたのだと思っていた。王宮とロンドン市とが歓呼して造幣局長官に迎えたのだと思っていた。とんでもない。アイザック・ニュートンには大変魅力的な姪がいた。彼女は大蔵卿ハリファックスの大のお気に入りになった。微積分も重力も、可愛い姪がいなかったら、彼が名声を博するのに何の役にも立たなかったろう。」（D・H・クラーク／S・P・H・クラーク『専制君主ニュートン　抑圧された科学的発見』伊理由美訳　岩波書店　二〇〇二）

これはいささかニュートンに気の毒である。ニュートンがモンタギューに職を頼んだのは確かであるが、ケンブリッジ時代からの友情をあてにしたものであり、モンタギューとキャサリンが親しくなったのは、ニュートンがロンドンに出てきてからのようだ。

ニュートンは姪のコネではなく、自分自身のコネで、ポストを得たのだ。モンタギューは、若き日の〈おじさん〉に恩を返したいと思ったのではないだろうか。

ともかくハリファックス卿とキャサリンは親しくなり、スキャンダルとなり、それを種にしてモデル小説まで出されたという。

だが不思議なのは、二人をそれぞれよく知っていたスウィフトは『ステラへの消息』で二人とのつきあいを記しているのだが、二人が愛人関係にあるとは書いていない。スウィフトはキャサリンをロンドンで最も好きな人だ、といっている。そして彼女との友情はずっと後までつづいていたようだ。

一七一五年、ハリファックス卿は亡くなった。そしてキャサリンにかなりの遺産がのこされた。そしてニュートンにも贈物があった。ハリファックスは道楽者といわれたが、若き日の〈おじさん〉への恩を忘れず、その姪を深く愛していたようであった。

晩年のニュートンはハリファックスの肖像画を居間に掛けていたという。彼にとってもハリファックスは〈甥〉だったのではないだろうか。年も性格もまったくかけ離れているような二人の間に一生つづいた友情について、考えさせる。

キャサリンはハリファックスの死後、一七一七年にジョン・コンディットと正式に結婚した。

ニュートンは王立協会会長となった。自分に対する異説を厳しく排除したといわれる。『専制君主ニュートン』は天文学者ジョン・フラムスチードなどへのニュートンの策謀をあつかっている。

ニュートンのライヴァルたちは、科学的な反論だけでなく、ニュートンの私生活への攻撃も行なった。ヴォルテールが暴露したスキャンダルが使われた。ニュートンは姪を色仕掛けに使って出世した、というのである。

ニュートンが姪のハリファックスとの仲をどう思っていたかについてはなにもわからない。二人が愛人関係にあることを知らなかったはずはない。だがそれについてニュートンの考えはなにも伝わっていない。

ニュートンの時代、十八世紀は、道徳はそれほど厳しくなく、愛人関係も珍しくはなかった。自分は禁欲的で道徳的であったニュートンも、若い人たちが破目をはずすことに寛大であったかもしれない。美人で発展家の姪のまわりに男たちが集まるのを、〈おじさん〉として放任していたのかもしれない。彼はハリファックスにも寛大だったのである。息子や娘だったら、うるさく言ったかもしれない。

十九世紀になると、英国は特に、道徳にやかましくなってくる。ヴィクトリア女王は、不倫関係を許さず、愛人を宮廷に連れてくるのを認めなかった。そのような時代であったから、ニュートンの伝記作者たちは、スキャンダル問題に悩んだという。偉大なる人は道徳的にも正しくなければならない。姪の不倫をとがめず、それによって出世したという人間をどう書いたらいいだろうか。

その結果、キャサリンとハリファックスの関係はプラトニックなものであった、というような偽善的な伝記が書かれた。そのような十九世紀のタブーが解けて、スキャンダルをも人間的なものとして描く伝記が書かれるのは、二十世紀も後半になってからであった。フランク・E・マニュエル『アイザック・ニュートンの肖像』（一九六八）がその例である。

マニュエルによれば、ニュートンはウェストミンスター寺院に眠っているが、そばにはキャサリンとジョン・コンディットの遺骨も納められている。そしてハリファックス卿は、やはりこの寺院にあるヘンリー七世チャペルに葬られている。

「ニュートン＝キャサリン＝ハリファックス関係の謎」とマニュエルは書いている。おじさんと姪、そして姪の愛人でもあり、おじさんの〈甥〉でもあった男。この三人が互いにひきつけあう力とはどのようなものだったろうか。

この時代に自由奔放に生きたキャサリン・バートンはなんと魅力的なのだろう。そして彼女を知ると、いかめしい物理学者ニュートンが人間的なおじさんとしてなつかしく浮んでくるのである。

ベートーヴェンの甥

ベートーヴェンといえば楽聖である。苦悩の中を一歩づつ、聖なる高みへ昇っていく生涯がその音楽に響いていると私たちは感じる。ロマン・ロランは次のようにいっている（一九二七）。

「多くの方々は、試練の時に当ってベートーヴェンに助けを求め、力強い親切な魂の中で、苦悩の和らぎと生きる勇気とを汲み採られて来たのであった。」（「ベートーヴェンへの感謝」片山敏彦訳『ロマン・ロラン全集』24　みすず書房　一九八〇）

しかし、聖なるベートーヴェンの生涯を書こうとする伝記作者を悩ます二つの問題があった。一つは「不滅の恋人」の謎であり、もう一つは、ベートーヴェンとその甥との関係であった。

「不滅の恋人」というのは、ベートーヴェンの遺したおびただしい書簡の中の三通の恋文に出てくる。あて名も日附もないので、さまざまな想像をかきたててきた。内容から一八一二年のものと見られている。しかし奇妙なのは、あて先のない手紙がどうやって遺ったかである。有名人の書簡集というのは、手紙を受取った人から回収してつくられる。この恋文は、ベートーヴェンが銀行株券などをしまっていた場所から死後に発見された。

この手紙は出されたものだろうか。出されたとすると、どうやってベートーヴェンのもとに返されたのだろうか。三通あって、相手とのやりとりも感じられるから出されたのかもしれない。

「不滅の恋人」がだれかについてはいろいろな説が出ているが、決定的なものはない。わからないから謎解きの興味がつづいているのだろう。

私が不思議に思うのは、この恋文がベートーヴェンの他の手紙とかなり異質であることだ。彼はこんな手紙を書くだろうか。彼はこんなふうに女性を愛したことがあっただろうか。

ベートーヴェンは一生独身であった。女性と深い関係になったことがあるかどうか、はっきりしない。隠し子があったという説もあるが、想像の域を出ない。むしろ女性が嫌いだったのではないか、とさえ思われる。だから「不滅の恋人」への手紙は異質なのである。

もし一八一二年の手紙とすれば、ベートーヴェンは四十一歳である。もう若くはない。これほどロマンティックな手紙をこの年で書けるとすれば、もっと若い頃から恋愛をしていたはずだ。

さて、ここで私がとりあげたいのは「不滅の恋人」についてではなく、ベートーヴェンの甥についてだ。ベートーヴェンは弟の死（一八一五）後、その息子カルルを引取る。彼の晩年は、甥の親権をめぐる争いとその教育をめぐるトラブルに悩まされる。

どうやら夫のいるらしい「不滅の恋人」との不倫関係と甥をめぐる親権の醜い争いは、ベートーヴェンの聖者伝にふさわしくない傷として、伝記作家を悩ませるのだ。

二つの問題のうち「不滅の恋人」はロマンティックなので、派手にとりあげられてきた。しかし甥の問題は、俗っぽいのであまり触れられない。しかしこっちの方が重要だと見る人もいる。

フリーダ・ナイト『ベートーヴェンと変革の時代』（深沢俊訳　法政大学出版局　一九七六）は、一八一二年、ボヘミアの保養地テプリッツにいたベートーヴェンについて、「短いものではあったが熱烈な恋愛の対象であった女性――誰だかわからない「不滅の恋人」――から最近別れたことで、ひどく悩んでいた。」とあっさり書いている。誰だかわからないが、誰であるかはそれほど重要な問題ではない、と考えているのである。これも一つの見識である。

ところが、甥の問題には一章を割いている。

「ベートーヴェンの甥の問題は、とばしてしまいたい人も多いだろうが、奇妙で乱暴な行動や、友人たちとの摩擦の多く、および限られた音楽作品に絶望と怒りの楽節が何度も出てくることを説明する都合上、どうしても大要は述べておかねばなるまい。」

つまり、「不滅の恋人」はごく短いもので、その後のベートーヴェンに永続的な影響を与えたように見えないが、甥の問題は、晩年のベートーヴェンの人生と音楽にのしかかった、と見ているのだ。

この問題については、エディッタ・シュテルバ／リヒャルト・シュテルバ『ベートーヴェンとその甥――人間関係の研究』(武川寛海訳　音楽之友社　一九七〇)がある。甥との関係を通して、聖者ではない、人間くさいベートーヴェン像が語られている。ベートーヴェンを聖化する立場からは、彼のあふれるような愛情を、出来の悪い甥が裏切ってしまう、という話になっている。実際、どのような関係だったのだろうか。

ルートヴィヒ・ファン・ベートーヴェンは一七七〇年、ボンに生れた。祖父はボンの選帝侯の宮廷指揮者、父は宮廷楽団の歌手であった。ベートーヴェンも音楽家となる修業をした。一七七四年、弟カルル、一七七六年、弟ヨハンが生れた。

父は声が出なくなり、歌手を引退した。一七八七年には母が亡くなり、ベートーヴェンは一家を支え、弟たちの面倒を見ることになった。彼はウィーンで音楽家として認められ、二人の弟を呼び寄せた。特にカルルを溺愛した。後にカルルの同名の息子のカルルを引取るのも弟への愛情のつづきである。

弟のカルルは兄が有名になると、その作品のマネージメントを担当する。下の弟のヨハンは薬屋になり、別な道を行く。カルルは兄の名声を利用して、作曲料をふっかけたりし、評判が悪かったが、ベートーヴェンは弟に甘かった。

一八〇五年、カルルは裕福な家具商の娘ヨハンナと結婚した。ベートーヴェンはそれに反対した。弟が自分を離れて、よその女と一緒になるのが耐えられなかったのである。弟への保護意識が独占的になってしまうこと、そして女性への強い敵視が感じられる。

彼はカルルから自分の作品管理の仕事をとりあげ、末弟ヨハンにまかせた。兄から離れたカルルに息子が生れ、やはりカルルと名づける。ベートーヴェンは、弟を奪った女としてヨハンナを嫌う。

一八〇六年から一八一三年にかけてが、ベートーヴェンの最も豊かな創作期といわれる。交響曲第四番から第八番までがつくられた。弟と離れたことが、彼を創作に専念させたのだろうか。

一八一二年にはヨハンまでがテレーズと結婚してしまう。二人の弟に裏切られたという思いに悩まされる。この時に「不滅の恋人」の手紙が書かれたのは、その反動であったろうか。

一八一三年、カルルは肺結核となり、一八一五年に亡くなる。弟の急病は、ベートーヴェンの気持を一変させ、二人は仲直りし、カルルは息子を兄に頼んで息を引取る。そして弟への愛が甥のうちに甦ったのである。

カルルは妻と兄が共同で息子の後見人になることを遺言したのであるが、ベートーヴェンはヨハンナを憎んでいた。彼は弟の死をヨハンナのせいにさえした。そしてヨハンナを排除して、自分一人で甥カルルを育てようとした。

一八一六年、ベートーヴェンはヨハンナが悪い母親であるとして、裁判で自分一人を後見人にすることを認められた。ヨハンナは控訴し、一八一九年にはじめの判決をくつがえした。ベートーヴェンは再控訴し、一八二〇年、ついに勝訴した。

こうして彼は最愛の甥を自分のものにすることができた。しかしそのために、子どもをとりもどそうとするヨハンナと死闘をくりひろげなければならなかった。なぜベートーヴェンは甥のことにそれだけこだわったのか。フリーダ・ナイトは二つの要素をあげている。

「一つは、人間的・個人的愛情を強く求める気持であって、ベートーヴェンはこのような愛情からいつも引きはなされていると感じたのである。」(『ベートーヴェンと変革の時代』)

ベートーヴェンは自分が人間的・個人的愛情に恵まれていないと感じ、彼の音楽にはそれを求める欲求が強く表現されている。特に家族的愛に飢えていた。弟たちに裏切られたと感じ、その代償を甥に求めたのである。

「第二に、彼が強い義務感、高度の道徳的使命感にもえていたことをあげねばならぬ。自分には少しのかかわりしかないとしても、多少でもつながりのある子供に、人生で経験できる最上の、そして最高のものを得させてやろうと彼は決心した。」

彼は甥に自分のすべてを与えてやろうとした。ベートーヴェンの手記にはその思いがほとばしっている。

「カルルはおまえ自身の子供と思え。あらゆるおしゃべり、あらゆる些細なことは、この聖なる目的のために気にかけるな。いまお前は苦しい立場にあるが、天なる神は知らしめす。カルルなくして何物もない。――一度ならずわが子供と思ってくれた。」（ベートーヴェン『音楽ノート』小松雄一郎訳編　岩波文庫　一九五七）

「歌劇もなにもみんなやめて、ただおまえの孤児のためにだけ書け！　そのあとでおまえの不幸な生涯を閉じる小さな家！」

彼は自分が子どもの時、十分な教育を受けられなかったという思いから、カルルに理想的な教育を受けさせたいと願う。そして、いろいろな学校に入れては、満足な結果が得られないことに怒って転校させる。

残念なことに、カルルには音楽的才能がなかった。また、母から引離され、伯父と母の親権争いに巻きこまれ、心理的に不安定であった。一八一六年から二〇年までの教育は混乱を極めた。

そしてベートーヴェンの聴力はおとろえ、筆談でしか話が通じなくなり、子どもとのコミュニケーションはうまくいかず、伯父は疑心暗鬼になり、いらいらした。一八一八年、カルルはウィーン中学校に入った。母のヨハンナは息子をとりもどす訴訟を執拗につづけていた。するとカルルは中学校から逃げ出し、母のところにもどった。ベートーヴェンはカルルをとりもどし、また私立学校に入れた。

裁判は二転三転したが、一八二〇年、やっとベートーヴェンが有利に結着した。カルルはヨーゼフ・ブレヒリンガーが経営するウィーンの学校に入った。ここでカルルは少し落着いて勉強できた。そして耳の悪い伯父の頼りにされるようになった。伝言を受けたり、手紙の清書をした。

一八二三年から二四年にかけては、伯父と甥の間に、あたたかい感情が流れているように思われる。しかしカルルは伯父の世話になっていることに耐えられなくなってくる。伯父は甥の友人についてもうるさく干渉してきた。また遊びに行ったり、賭事をしたりするのも許されなかった。

しだいに伯父と甥は激しく衝突するようになった。カルルは一八二五年から工芸学校に入った。甥が自分を離れていくと感じたベートーヴェンはさらにやかましくなり、与える金も細かく制限するようになった。悪い遊びをしないように、という理由であったが、二十歳になりつつあったカルルは伯父の干渉に耐えきれなくなって、一八二六年七月三十一日、ピストルで自殺をはかった。頭を撃ったが、弾は頭骨のところでとまり、脳には入らなかった。彼は母の家にかつぎこまれた。

この自殺未遂によって、甥と伯父との関係は大きく変った。精神的父になろうとするベートーヴェンからカルルは自立したのであった。伯父への尊敬を失うことはなかったが、はっきりと自分の意見をのべるようになった。

退院後、カルルは叔父ヨハンの家に世話になった。そこにベートーヴェンもやってきた。そしてカルルがヨハンの妻であるテレーズ叔母と親しくするといって嫉妬したりした。しかし、すでにその時、彼の最期が迫っていたのである。ウィーンにもどった時、高熱を発したベートーヴェンは倒れ、そのまま床を離れることはなかった。

カルルは軍隊に入ってやり直すことを決意した。〈おじさん〉と精神的に訣別したけれど、その時かえって、病める伯父へのやさしい感情がこみあげてきたようであった。軍隊に出発する際の手紙では、ベートーヴェンに「あなたを愛しているあなたの息子」と書いている。

カルルは旅立っていった。ベートーヴェンは死の床にあった。一八二七年三月二十六日、激しい嵐の日に彼は死んだ。

カルルは士官となり、やがて結婚し、平凡であるが、幸せな人生を過した。ベートーヴェンのできの悪い甥といった伝記作家たちのイメージに、一言も反論しなかったという。自殺未遂をするほどであった伯父との関係をどう思っていたろう。なにもいわなかったところに、彼の〈おじさん〉への愛情がひそんでいるようだ。

甥を愛しながら、かえって自殺未遂に追いこみ、その打撃の中に死んでいったベートーヴェンの最期はあまりにも哀しいが、シュテルバ『ベートーヴェンとその甥』は、心なごむエピソードを添えている。ベートーヴェンは最後に十三歳の少年の友に付添われたという。

友人シュテファン・フォン・ブロイニングの息子ゲルハルトで、ベートーヴェンの病床をしばしば訪れて、筆談で話をし、老いて死にかけている音楽家を慰めたという。ベートーヴェンはこの少年を「ズボンのボタン」と呼んだ。それはかつて、カルルと自分との関係についていったことばなのである。この少年はカルルの代りであり、〈甥〉であった。

少年と老人との死の直前の友情の物語は、悲しい結末に終ったかに見えるベートーヴェンと甥の関係にある慰めを与えてくれる。

おじさんも大統領　二人のローズヴェルト

フランクリン・デラノ・ローズヴェルトは二十世紀を代表するアメリカ大統領といえるだろう。なにしろ四期も選ばれているのだ。そして、彼のおじさんのシオドア・ローズヴェルトも大統領を二期つとめた。大統領同士のおじ―甥関係というのも興味深い。おじ―甥といってもかなり複雑なつながりである。まずローズヴェルト家の家系をざっとのべておく必要がある。

ローズヴェルト家は一六四〇年代にオランダからニュー・アムステルダム（今のニューヨーク）に移ってきた古い家柄である。クラエス・マーテンゼン・ヴァン・ローゼンヴェルトが初代とされる。オランダのトーレン島のローゼン・ヴェルトから来たので、ローゼンヴェルトと名乗った。

クラエスの息子はニコラスといった。ローゼンヴェルトはローズヴェルトになった。彼はハイルチェ・ジャンス・クンストと結婚し、ジョハネス、ジャコバスという二人の息子ができた。ここでローズヴェルト家は二つに分かれる。

ジョハネスの系統からシオドアが出ている。その本拠地の名からオイスター・ベイ・ローズヴェルトと呼ばれる。

ジャコバスの系統からフランクリンが出ている。こちらはハイド・パーク・ローズヴェルトと呼ばれる。

そして二つのローズヴェルト家はしばしば同族結婚をしているので、親族関係が複雑になっている。フランクリンもオイスター・ベイ系のエリノアと結婚している。その結果、父方と妻方の両方を通して、オイスター・ベイ系のシオドアとつながることになった。あまりくわしくのべても混乱するだけだが、ともかく、フランクリン・デラノ・ローズヴェルトは、シオドア・ローズヴェルトの第五次の従弟で、義理の甥なんだそうである。遠い親戚のおじさんとでもいっておこう。

重要なのは、シオドアとフランクリンはかなり遠い親戚であったのだが、シオドアの一族のエリノアがフランクリンと結婚することで、両者の関係が近いものとして結びなおされたことであった。

ハイド・パークはハドソン河を北にさかのぼったところで、フランクリンの父がここに土地を買って住んだ。近くにヴァンダービルド家の邸などもあり、金持の保養地となった。

一方、オイスター・ベイは、南ロング・アイランドの北に面した海辺の保養地である。

ハドソン河沿いの静かな渓谷と海辺の明るいオイスター・ベイという対比は、そのまま、フランクリンとシオドアの性格のちがいに反映されているようだ。

シオドア・ローズヴェルトは一八五八年に生れた。小さい時、喘息に悩んだが、それを克服してたくましくエネルギッシュな青年となった。ハーバード大学を出て、法律家になるはずであったが、政治家に転じ、共和党の有望な若手議員となった。

しかし、一八八四年、母と妻を亡くし、その悲しみから政界を引退し、西部のダコタに牧場を買ってこもり、自然の中で暮しながら、歴史の勉強をした。幼なじみのイーディス・キャローと再婚し、元気をとりもどしたシオドアは東部にもどり、政界に復帰した。

彼は大企業の独占に対する規制、労働組合運動の支持、自然保護などについて進んだ考えを持っていたが、対外政策では、それまでの外国への不干渉政策に反対で、大国的膨張主義、帝国主義者であった。おそらくワイルド・ウェストの時代のように、西へ西へとどこまでも走りつづけたかったのだろう。

そのために強力な海軍をつくることを主張し、スペインとの戦争を支持した。一八九八年、志願兵による騎兵隊〈荒馬乗り《ラフ・ライダース》〉を結成し、キューバを攻撃した。まだ西部劇の世界にいたのである。

英雄となった彼は一八九八年にニューヨーク州知事に当選した。知事としては進歩的な政策を進め、共和党だけでなく、民主党からも評判がよかった。

一九〇〇年、副大統領候補となり、マッキンリー大統領とともに選ばれた。一九〇一年にマッキンリーが暗殺されたので、四十二歳十か月、史上最年少の大統領となった。

第一期（一九〇一―一九〇四）に、大企業を規制する反トラスト法を成立させた。一九〇二年に炭鉱ストライキに介入し、労働者を勝利させた。大統領が労働者を支持したのははじめてであった。

アメリカは二十世紀のはじめ、世界の強国へと躍進した。シオドアは世界への進出を大胆にくりひろげた。フィリピンやキューバを支配し、パナマ革命に介入してパナマ運河地帯をアメリカの管理下に置いた。ラテン・アメリカ諸国へのアメリカの干渉が拡大していった。

一九〇四年、シオドアは圧倒的な勝利で再選され、第二期に入った。彼は貧富の格差をなくすための大企業の規制をさらに押し進めた。その方針は〝スクエア・ディール〟（公平なあつかい）と呼ばれた。

第二期の外交政策では、擡頭してきた日本への配慮がなされるようになった。日本が極東の安定化で重要な役割を果すことを認めたのである。彼は日露戦争を仲裁し、日本の朝鮮における宗主権、さらに日本の満洲進出を黙認した。そのことが後に、フランクリンの時の日米開戦につながっていくとしたら、歴史の皮肉である。〈おじさん〉のつけを甥が払ったとも見ることができるのだ。

シオドアは三期目は出ないと宣言し、ウィリアム・H・タフトを後継者とし、一九〇九年、アフリカ旅行に出かけた。

帰国すると、タフトは共和党の保守派と結び、反ローズヴェルト派となっていた。一九一二年の選挙には、シオドアにまた出てほしいという声が強まった。結局、タフトとローズヴェルトに分裂した共和党に対して、民主党のウッドロー・ウィルソンが当選した。

一九一四年、第一次世界大戦がはじまった。シオドアはアメリカの参戦を主張し、ウィルソン政権の弱腰を非難した。またウィルソンの国際連盟案にも反対であった。しかし、その結果を見ることなく、一九一九年にオイスター・ベイの自宅で亡くなった。

大企業などの富者の不正を激しく攻撃し、労働者に同情を寄せつつ、ラテン・アメリカなどへの侵略干渉に積極的であった。矛盾に満ちた生涯であった。

この〈おじさん〉の大統領に、フランクリンはどのような影響を受けたろう。ジョン・ガンサー『回想のローズヴェルト』（清水俊二訳　早川書房　一九六八）は「ローズヴェルトとローズヴェルト」で二人を鮮やかに比較している。

シオドアはフランクリンを高く評価し、フランクリンはシオドアを尊敬していたという。

フランクリン・デラノ・ローズヴェルトは一八八二年に生れた。母はセイラ・デラノで、デラノ家は大富豪であった。ローズヴェルト家よりさらに名門で、中国貿易で富を築いた。陰謀史家が、ローズヴェルトは阿片で財産をつくったというのは、このデラノ家についていっているのである。

デラノ家のフランクリン・デラノはアスター家の娘ローラと結婚した。しかし子どもがいなかったので姪のセイラに財産を譲った。このセイラがフランクリンの母である。フランクリンの名は、大伯父のフランクリン・デラノからのものである。

フランクリン・ローズヴェルトも、シオドアと同じくハーバード大学に学んだ。在学中にいとこのエリノアと親しくなった。エリノアは、シオドアの弟エリオットの娘である。両親を早く亡くし、親戚の世話になって育った。あまり美人ではなく、内気であった。しかしフランクリンはあたたかく、知的な彼女を愛した。母のセイラは反対したが、一九〇五年、二人は結婚した。

シオドア・ローズヴェルトは、姪のエリノアがローズヴェルト一族のフランクリンと結婚することを歓迎した。「おまえはやはりローズヴェルト家の女だ」といったそうだ。かねてフランクリンに注目してきたし、オイスター・ベイとハイド・パークという二つのローズヴェルト家の間を結ぶ絆ができたことを喜んだのだろう。

フランクリンはその後、コロンビア大学ロー・スクールで弁護士の勉強をしたが、政治家になる決心をした。やはり大統領の〈おじさん〉の存在が大きかったろう。もっとも彼は、〈おじさん〉とはちがって、民主党に入り、一九一〇年、ニューヨーク州上院議員に当選した。ニューヨークを牛耳っていたタマニー・ホール派の粛正を行ない、注目された。

一九一二年の大統領選では、〈おじさん〉が三選を目指して出馬していたにもかかわらず、ウッドロー・ウィルソンの選挙運動員として活動した。

ウィルソンが大統領になると、フランクリンは海軍次官となった。しかし彼は連邦の上院議員になろうとした。ウィルソンは、第一次世界大戦への参戦をためらっていたが、フランクリンは積極的参加を主張した。この点では、〈おじさん〉の意見に近かったのである。

結局、アメリカは参戦した。ドイツの敗戦で大戦は終ったが、戦後の賠償金問題、国際連盟創設などはうまくいかず、ウィルソンの政権への不満が高まった。

一九二〇年の大統領選では、民主党はオハイオ州知事ジェームズ・コックスを立て、副大統領候補にローズヴェルトがなった。〈おじさん〉のシオドアは前年に亡くなっていた。

共和党は保守的なウォレン・ハーディングを立てて当選した。民主党は敗れたがフランクリン・ローズヴェルトの名は全国的に知られた。

しかし不運が訪れる。小児麻痺にかかったのである。長い闘病生活がつづいた。そして一九二八年、半身不随のまま政界に復帰した。まずニューヨーク州知事となった。そして一九三二年の選挙で、フランクリンは大統領となった。一九二九年の大恐慌によって共和党のフーバー政権は破産していた。アメリカ建国以来の危機が彼を待っていた。

フランクリン・ローズヴェルトは〈ニュー・ディール〉政策を打出した。その詳細についてはのべないが、その名の由来は、シオドアの〈スクエア・ディール〉とウィルソンの〈ニュー・フリーダム〉の両方からとられたという。両者の中庸ということであろうか。

〈おじさん〉は甥が大統領になるのを見ることはなかった。まさかフランクリンが四期もの大統領になるとは思わなかっただろう。二人の政策はずいぶんちがっていた。それでも共通するところがあった。

「FDRがウィルスンの海軍次官をつとめていたときでさえ、彼はやはり偉大なる従兄シオドアに心酔していた。ほとんどすべてのローズヴェルト家のものは、政治のことは別として、お互いに手を握りあう習慣を持っていたようである。」

ジョン・ガンサーは、FDRの息子フランクリン・ジュニアにテッド伯父さん（シオドア）の思い出を聞いている。

「彼は、ワシントンに住んでいた少年時代、「テッド伯父さん」はたいていサガモア・

ヒルにいたが、首府を訪れると、いつもフランクリン・ローズヴェルトの邸にお茶を飲みに来て、大きな声で冗談をいって、なかなか元気であった、と答えた。」

テッド伯父さんは子ども部屋に入ってきて、フランクリン・ジュニアと弟のジョンを抱きあげて、「二匹の子豚を市場に売りに行くぞ」といって、子どもたちをきゃあきゃあいわせた。

これは第一次世界大戦直前ぐらいのことであったと思われる。しかしその頃から、シオドアとフランクリンはあまり親しくなくなる。シオドアはウィルソン大統領を攻撃し、フランクリンはウィルソンの海軍次官だったからである。

ガンサーはシオドアの娘アリス・ロングワースに、一九一九年、シオドアが亡くなる頃、甥をどう思っていたかを聞いている。

「父はそのとき、彼について何の意見も持っていませんでした。」と彼女は答えた。

一九一九年には、〈おじさん〉は後に甥が大統領になるなどとは夢にも思っていなかったろう。彼はいい時に死んだのかもしれない。素手で大自然と闘う、古きよき時代のアメリカが終ろうとしていたのだ。彼にはもうウィルソンの政治が理解できなくなっていた。そして、かわいがっていた甥がウィルソンの政権を手伝っている。そのことに、大きなさびしさを感じ、フランクリン一家とも疎遠になっていったのかもしれない。

一九二〇年代、古いアメリカが去り、ジャズ・エイジが躍っていた。シオドアは当時の若者たちを見たらどう思ったろう。だが躍る時代もはじけて大恐慌が襲ってくる。その時、その危機に向って立上ったフランクリンを見ることができたら、〈おじさん〉は、「そうだ、おまえこそローズヴェルト家の人間だ」と喜んだのではないだろうか。

そしてフランクリンはどう思っていたのだろうか。若い時、〈おじさん〉はあこがれであった。いつか自分も政治家になり、大統領になりたいという夢は、〈おじさん〉を見ていて生れた。

だが大人になると、政治的考えはくいちがい、意見が合わなくなった。荒っぽい〈おじさん〉の政策のあらが見えてきた。繊細な甥は、〈おじさん〉とは別な道を行くようになった。

それでも大統領になり、多くの試練に突き当った時、〈おじさん〉だったら、こんな時にどうしたろう、と思うことはなかったろうか。その時、〈おじさん〉があらわれて、「おまえが信じる道を行け」といってくれたのではないか、と私は想像してみるのだ。

チェーホフの『ワーニャ伯父さん』

アントン・チェーホフの『ワーニャ伯父さん』は伯父と姪との哀切きわまりない芝居である。チェーホフは四十四歳でこの世を去った。その晩年に、彼の「四大戯曲」といわれる珠玉のような芝居を書きのこした。『かもめ』(一八九六)、『ワーニャ伯父さん』(一八九七)、『三人姉妹』(一九〇一)、『桜の園』(一九〇四)。

この四作のうち『ワーニャ伯父さん』だけが少し異質である。他の三作は、女性が中心であり、彼女たちの中に、未来への希望と救いがある。しかしこの一作だけは主役はさえないおじさんであり、さえない結末なのである。

そのせいだろうか、一番地味で、他の三作に比べるとあまり語られていないように思える。なにしろ、おじさんが主役では盛上らないではないか。

しかし一部では、この作品を偏愛するファンがいるのだ。たとえばレーニン夫人クルプスカヤによると、レーニンは『ワーニャ伯父さん』を愛読していたという。また、マキシム・ゴーリキーは、この作品を読むと涙が出てくると絶賛している。どちらかといえば、積極的な人物は登場せず、反革命的な連中ばかり出てくる芝居なのに、なぜなのだろう。

　私も、はじめ『ワーニャ伯父さん』の魅力がよくわからなかった。『桜の園』の方が面白いと思った。チェーホフ自身、この作は『森の主』（一八八九）の改作で、それほどの作品ではない、といっていた。

　だが、おじさんと姪の物語として読み直してみると実にいいのである。とにかく読んでみることにしよう。

　『ワーニャ伯父さん』は「田園生活情景　四幕」とある。舞台はセレブリャコーフの田舎屋敷である。

　チェーホフの四大戯曲では共通な芝居の流れのあることが指摘されている。まずはじめにだれかが到着する。するとそれまでなにごともなかった日常がかき乱される。最後に、そのだれかが去っていく。また日常がもどってくるが、もとのままではない。

　『ワーニャ伯父さん』では、到着するのはセレブリャコーフとその妻エレーナである。セレブリャコーフはペテルブルクの大学教授であるが、退職して田舎屋敷にもどってきたのである。

　この田舎屋敷というのは、セレブリャコーフの先妻の家であった。彼はその先妻との間にソーニャという娘ができたのだが、その妻が早死したので、若くて美人のエレーナと再婚したのであった。

この屋敷には娘のソーニャ、先妻の母ヴォイニーツカヤ夫人、そして先妻の兄イワン(これがワーニャ伯父さんである)が暮していた。ソーニャとワーニャ伯父さんは屋敷と土地を管理し、ペテルブルクで大学教授として生活するセレブリャコーフに送金していたのである。

ところが大学を退職し、ペテルブルクでは暮せなくなった老教授は、若い妻を連れて、田舎屋敷に引揚げてきたので、静かな田園生活がかき乱されることになる。それまでペテルブルクにいる大先生のために、田舎屋敷を管理するという大前提で秩序が保たれてきた。だが大先生も退職してもどってくるとただの人で、口うるさい、いや味な老人となっている。若い妻を連れ、都会のじだらくな生活をもち込み、規則正しかった田園の日々をめちゃめちゃにしてしまった。昼近くまで寝ていて、夜中まで起きている。そして昼から酒を飲む、といった生活で、ソーニャやワーニャ伯父さんが働く意欲をなくし、精神的に荒廃してしまう。

以上のような状況は、セリフの中でしだいに示されていくのだが、なかなかわかりにくい。私もヴェ・エルミーロフ『チェーホフ研究』(牧原純/久保田淳訳 未来社 一九五三)の『ワーニャ伯父さん』の解読を読んでようやくわかったのである。

それによるとこの田舎の領地は、ソーニャの母ヴェーラのものであった。そしてその兄のワーニャ伯父さんが自分の相続分を辞退して、姪のソーニャのものになった。ヴェーラと結婚したセレブリャコーフは、ペテルブルクで勉強し、教授になった。その費用はこの領地の収益でまかなわれていた。ワーニャ伯父さんは愛する姪のため、その父である大先生を支え、二十五年間、黙々とつくしてきた。教授はこの一家の誇りであり、生きがいだったのである。

ところが教授をやめれば、くだらない老人にすぎない。ワーニャ伯父さんは幻滅する。こんな男のために、彼は一生を捧げてきたのだ。

「彼は自分のよき時代を、青春を、自分のすべてを、無価値なもの、〈偶像〉への奉仕に与えてしまったことを悟った。彼の偶像は、ただ自惚と自負でこりかたまった高慢チキな愚物に過ぎなかった。」

しかもセレブリャコーフは、ソーニャやワーニャ伯父さんのこれまでの労苦などにも気づかず、この屋敷を自分の勝手にし、いずれ処分しようとしている。

ついに伯父さんは怒りを爆発させ、セレブリャコーフに発砲する。

事件は一応の結末を迎える。セレブリャコーフは妻を連れてハリコフに去る。首都ペテルブルクでは生活が大変だが、地方都市ハリコフでならなんとかやっていけるだろう。ともかく二人は都市にしか住めないのだ。

ソーニャとワーニャ伯父さんは田舎に残る。また領地を管理し、その収益をハリコフに送金するだろう、もとのように。

ソーニャは医師のアーストロフに恋をしている。セレブリャコーフがこの屋敷を去るとともに、アーストロフも去る。ソーニャとワーニャ伯父さんだけが田舎屋敷にとりのこされる、すべての夢を奪われて。

ソーニャはあまり器量のよくない娘で、嫁にも行かず、田舎屋敷にとどまり、父の犠牲となって、ワーニャ伯父さんとここでずっと働いてきた。彼女は父を診察にやってくる医師アーストロフに想いを寄せている。しかし彼は美しいエレーナには言い寄るが、ソーニャには無関心である。それを知ったソーニャは絶望する。だがその時、彼女はワーニャ伯父さんに限りないやさしさを示すのだ。

第四幕でワーニャ伯父さんは、医師の薬箱からモルヒネを盗む。それを知ったソーニャはいう。

「ね、お出しなさいね。ワーニャ伯父さん！

そりゃわたしだって、あなたに負けないくらい不仕合せかもしれないわ。けれども私は、やけになったりはしません。じっとこらえて、しぜんに一生の終りがくるまで、がまんしとおすつもりですわ。……あなたも我慢なすってね。」（「ワーニャ伯父さん」神西清訳　新潮文庫　一九六七）

セレブリャコーフ夫妻は出発する。ソーニャとワーニャ伯父さんは残され、管理の仕事にもどる。「わたしはつらい」と伯父さんは姪に嘆く。すると彼女は次のようにいう。「でも、仕方がないわ、生きていかなければ！（間）ね、ワーニャ伯父さん、生きていきましょうよ。長い、はてしないその日その日を、いつ明けるとも知れない夜また夜を、じっとこらえて生き通していきましょうね。運命がわたしたちにくだす試みを、辛抱づよく、じっとこらえて行きましょうね。今のうちも、やがて年をとってからも、片時も休まずに、人のために働きましょうね。そして、やがてその時が来たら、素直に死んで行きましょうね。あの世に行ったら、どんなに私たちが苦しかったか、どんなに涙を流したか、どんなにつらい一生を送って来たか、それを残らず申上げましょうね。すると神さまは、まあ気の毒に、と思ってくださる。その時こそ伯父さん、ねえ伯父さん、あなたにも私にも、明るい、すばらしい、なんとも言えない生活がひらけて、まあ嬉しい！　と思わず声をあげるのよ。そして現在の不仕合せな暮しを、なつかしく、ほほえましく振返って、私たち——ほっと息がつけるんだわ。」

絶望する伯父さんに、ソーニャは生きて行こうと、呼びかける。ここで注目すべきなのは、二人が父と娘ではなく、伯父と姪であることだ。父（セレブリャコーフ）は出発してしまう。これからのつらい一生を生きつづける同志は伯父と姪なのだ。

チェーホフはここでなにを言おうとしたのだろう。父が出発してしまい、とりのこされた人々は、父なしで生きていかなければならない。家の中心であった父はもう不在なのだ。大黒柱はすでに朽ちはてていたのだ。その時、父の犠牲者であった娘とその伯父の間に不思議な共感が生れるのだ。

エルミーロフは次のようにいっている。

「『ワーニャ伯父さん』のテーマは、他人の幸福のために人知れぬ苦しみと献身的な労働をしている〈小さな人々〉の生活であり、空しく失われてゆく美のテーマである。」（『チェーホフ研究』）

さらに彼は「破壊し破滅を辿る生活の美のテーマがこの戯曲のライトモチーフになっている。」ともいう。失われてゆく（生活の）美とはなにを意味しているのか。『ワーニャ伯父さん』を絶賛したマキシム・ゴーリキーは「人々の貧しい生活への美の滲透」といっている。

これは〈小さな人々〉または貧しい無名の人々の生活の中に美を発見し、生活と美を結ぼうとする十九世紀末の思想を示している。ウィリアム・モリスは、生活の中にアートを求め、アーツ・アンド・クラフツ運動を開幕させた。ロシアにおいても、それに呼応して、フォーク・アート復活運動があった。チェーホフもそれに呼応する地方の物語を語ろうとしているのだ。ゴーリキーもエルミーロフもそのことに気づいている。

しかしその後のチェーホフ研究は、文学的に傾いて、ロシアのアーツ・アンド・クラフツ運動を背景とするチェーホフにあまり触れていないように思える。『ワーニャ伯父さん』はそのような視点から見直すべきではないだろうか。

ここでは父セレブリャコーフは都市文化（ペテルブルク・大学）を象徴している。それに対して伯父―姪（ワーニャ―ソーニャ）は地方文化の象徴なのである。さらに、ワーニャ―ソーニャの背後に、ロシアの原始的な母ともいえる乳母マリーナがいる。彼女はサモワールをいつも沸かしつづけ、みんなにお茶やウォトカをふるまうのだ。

失われつつあるロシアの母なる文化を、父は破壊しようとしている。だが、伯父―姪はそのような田舎の生活の中の美にぼんやり気づいている。

知識人である医師アーストロフは、より意識的にロシアの森、自然の美しさを再発見しているが、エレーナの都会的、人工美との間に引裂かれている。

直線的にロシアの近代化へと突き進んできた大学教授の父に対して、〈伯父―姪〉はロシアの自然、小さな人々の生活の中にも美をさがそうとする。生活と美に、斜めに橋を架けようとするのだ。

だが彼らの働きはむくわれることなく、消えていこうとしている。ワーニャ伯父さんはそのことに激怒し、愚かしく荒れ狂うのだ。生活の美に気づいているアーストロフも、ソーニャの魅力を見出すことができない。彼のロシアや自然への美意識は、観念的なものにすぎないのだ。

エルミーロフは「もしエレーナが彼らの生活の中に闖入してこなかったとしたら、ソーニャはおそらく彼の妻となっていたことだろう。」といっている。都会の女が田園生活を破壊してしまったのだ。

近代の都市文化は、ロシアの自然、生活の美を破壊してしまった。しかしゴーリキーがいったように、「人々の貧しい生活への美の滲透」と見ることもできるのだ。つまり失われようとした時に、やっとその生活の美が発見されてくるのだ。

チェーホフは、ワーニャ伯父さんやソーニャ（さらに乳母のマリーナ）といった小さな人々の、むくわれない惨めな生活の中に、書くに価するなにかがあることを発見したのであった。

チェーホフは『ワーニャ伯父さん』のフィナーレで、ことばでは語れない、ただ音楽だけが伝えられるような、人間の悲しみの美をあらわそうとした、という。エルミーロフはフィナーレの核心を次のようにいっている。

「〈明るい美はしい優美な生活〉について述べることは、ソーニャやワーニャ伯父さんやアーストロフや其の他自分の生涯を他人の幸福のために捧げた多くの〈小さな人々〉、辛労者たちがそれに価するところのその生活について述べることである。」

この惨めな〈小さな人々〉の生活を述べることは、彼らの労苦に価する明るい美しい生活を夢みることなのだ。

ソーニャはワーニャ伯父さんを赤ん坊のように抱きしめていう。

「もう少しよ、ワーニャ伯父さん、もう暫くの辛抱よ。……やがて息がつけるんだわ。……（伯父を抱く）ほっと息がつけるんだわ！」

そして幕が下りる。まるで音楽のような人間の悲しみが漂う。

メイムおばさん

おじさんがつづいたので、おばさんに移りたい。まず、これぞアメリカンともいえる痛快なメイムおばさんから。

パトリック・デニスの『メイムおばさん』は一九五五年に出版され、ミュージカル化されて大ヒットした。

まず舞台劇となり、一九五六年、ロザリンド・ラッセル主演で初演された。そして映画『メイム叔母さん』となり、やはりロザリンド・ラッセル主演で一九五八年に封切られた。

さらにブロードウェイ・ミュージカルとなり、アンジェラ・ランズベリ主演で一九六六年に初演された。日本でもすぐに、越路吹雪主演で一九六七年に初演されている。そして一九七四年に『アイ・ラブ・ルーシー』で有名なルシル・ボール主演で『メイム』が再映画化された。

このように、ミュージカルで知られているのだが、パトリック・デニスの原作『メイムおばさん』(上田公子訳　角川文庫　一九七四)を今読む人は少ないかもしれない。しかしこれがなかなか面白いのだ。アメリカの一九二〇年代から三〇年代頃、いわゆるジャズ・エイジが好きな私にはたまらない本なのである。

話は一九二八年にはじまる。主人公で語り手のぼく(パトリック)の父が亡くなる。父はシカゴの株式仲買人である。遺言によって、パトリックは十八歳になるまで、ただ一人の親族であるメイム・デニス(父の妹)に育てられることになる。

そのことは父の生前に聞いていたのだが、父は「メイムおばさんは世にも風変りな女である、彼女の手に委ねられるということはまったくの悲運であって、本来ならば犬でもそんな目にあわせたくないところだ」、しかし、他に近親がいないから、そうするしかない、といった。

十歳のパトリックはニューヨークのメイムおばさんの家に引取られる。その家は、提灯などがぶらさがっている。オリエンタル風、ジャポニズム風の趣味で飾られ、イトウという日本人が働いている。そしていよいよメイムおばさんが登場する。

「日本人形そっくりの女の人がロビーに入って来たのだ。髪は短いおかっぱで、前髪の下にはつり上った眉、縫いとりのある金色の絹のきものの裾を長くひきずり、足には宝石をちりばめた金のスリッパをつっかけ、ひすいと象牙の腕輪を両腕にカチャカチャ鳴らしている。淡い緑色のマニキュアをした手の爪は、ぼくが見たこともないほど長い。

まっ赤な唇には、竹でできているとてつもなく長いシガレットホルダーをものうげにくわえていた。でも、どういうわけか、奇妙に親しみのもてる顔だった。」

パトリックはとんでもないおばさんに出会って仰天する。そして、子どものいないおばさんは、甥を引取って育てることになるが、次々と珍事件が起ってゆく。

ドタバタ喜劇なのだが、そこにちりばめられている時代風俗が面白い。まず、おばさんの家のインテリアや彼女のファッションから一九二八年当時、日本趣味（ジャポニズム）がはやっていたことがわかる。同時代のミステリーに、エラリー・クイーンの『日本庭園殺人事件』がある。

また、大きくて、カチャカチャ鳴る腕輪《バングル》、女性用の長いシガレットホルダーなど、一九二〇年代のアール・デコ・スタイルのアクセサリーがふんだんに登場する。

それらの派手な舞台装置の中で、おばさんとぼくは初対面する。

「『坊や』とその女の人はドラマチックに言った。『あたしがあなたのメイムおばさんよ！』そしてぼくを抱きしめてキスした。ぼくは、これでもう安全なんだ、と思った。」

父のことばからすると、おばさんは一族の異端児であり、もてあまし者であったらしい。大家族だった頃には、親戚に一人や二人は、変り者がいて、親戚で敬遠されたりしていたものだ。だが子どもたちと妙に親しかったりする。私にもそんないけないおじさんやエクセントリックなおばさんがいた。

甥を引取ったメイムおばさんの最初の問題は、彼をどんな学校に入れるかであった。父は保守的な学校へ入れることを希望していた。

おばさんは、一九二〇年代のニューヨークの〈新しい女〉の典型であった。先端的なアートやファッションに敏感で、ダンスや夜遊びが好きで、フロイトやフリーラブに関心があった。そして毎晩のようにパーティを開いた。そのような、嵐のように騒がしく、刺激的な日々の中で、ぼくはおばさんが好きになる。

「まったくメイムおばさんの八方破れの魅力ときたら、いわば悪名高いものだったし、それにぼくにとっては、おばさんが生れてはじめてのほんとうの「家族」だったのだから。」

社交生活にあれほどいそがしかったおばさんがなぜ十歳の少年にかまってくれたのだろう。

「おばさんもたぶん内心ちょっぴり孤独だったのだろう。おばさんにとってぼくというものは、自分の思いのままにこねたりひっぱったり形づくったりできる、新しい粘土のかたまりにすぎなかったのだ、と評した人もあった。また、メイムおばさんという人が、他人の生活にお節介をやかずにはいられない性質だったことも、事実だ。とはいえ、彼女には、一種の確固たる頼りにならない頼りがいみたいなものがあったのである。ぼくたち両方にとって、それは愛情だった。そして、この体験は、まさにユニークなものであった。」

ここにはおばさんと甥の関係について、いろいろ考えさせることが見事に表現されている。「頼りにならない頼りがい」それこそが二人にとって愛情であり、また得がたい体験なのだった。

パトリックは、商売人である父からは決して与えられなかった体験をおばさんからもらうことになる。

パトリックをどんな学校に入れるかで、メイムおばさんと財産管理人バブコック氏が対立する。おばさんは男女共学のフリー・スクールに入れたがるが、反対される。結局、名門校に入れることに従うふりをして、おばさんは自分の友人のやっている先端的な教育実験スクールに入れる。しかしそこは、先生も生徒も全員裸というヌーディストの学校であったので、六週間で警察の手入れを受け、パトリックは厳格な学校の寄宿舎に入れられる。

ちょうどその時、一九二九年の世界大恐慌が起って、メイムおばさんも財産の大部分をすってしまう。すると彼女はいろんな仕事で働きはじめる。ファッション誌『ヴァニティ・フェア』のコピーライターになったりするが、やがて室内装飾家《インテリアデザイナー》になる。一九二〇年代から三〇年代にかけて、インテリアデザイナーは、社交界でもてはやされ、女性の新しい職業として注目された。メイムおばさんも早速、時代の最先端の職業にとびついたのである。

このあたりは、この時代のデザインとファッションに興味のある人には実に面白い記述がつづいていて、くわしく触れたいのだが、とめどないので、先へ進むことにする。デザインショップを開いて大もうけをしそうになるが、火事でもとのもくあみになってしまうのである。

それから、舞台に出たり、大富豪と結婚したりと、嵐のような人生をおばさんは送りつづけ、〈ぼく〉をはらはらさせる。

一九三七年、〈ぼく〉は十八歳になり、大学生となった。するとメイムおばさんは、〈ぼく〉の友人の学生たちを自分の友人のように思って、一緒に遊びまわる。

「学生たちのほうでは、宿や食事やパーティーや酒の供給源としてメイムおばさんを必要としていただけだが、おばさんはそれ以上のこと、つまり自分が今でも若く、美しく、もてる人物であることを、確信するために、彼らを必要としていたのだった。」

おばさんは若者たちの友人になるのだ。そして若さをとりもどそうとするのだ。若者はおばさんから、お金や、ぜいたくや、もてなしをもらう。若さとぜいたくさの交換は取引なのだろうか、友愛なのだろうか。それは、それぞれの人でちがっているのだろう。ある人はそのことへの感謝を忘れないし、ある人は忘れてしまう。

大学生になったパトリックとおばさんは互いに秘密を持つ。パトリックは酒場の女とつきあい、おばさんは大学生とデートをしていたのだ。だが、結局、両方ともだめになり、おばさんと甥はまたもとの仲にもどる。

大学を卒業したパトリックに、おせっかいなおばさんは花嫁をさがそうとする。そして金持の娘を紹介する。すべてがうまくいきそうであった。パトリックはその娘と婚約する。

だが一つのくいちがいで、すべてはご破算になってしまう。花嫁の父の豪華な屋敷の裏の土地をユダヤ人が買うことになる。父親はユダヤ人をののしりはじめる。ユダヤ人の友人の多いメイムおばさんが反論し、ののしり合いになってしまう。

この話は、第二次世界大戦にさしかかろうとしていた時代の反ユダヤ主義の激化を反映している。ヒトラーのナチズムがドイツを戦争に駆り立てた。アメリカもドイツと戦うべきだという世論が起きたが、親ドイツ派は、反ユダヤ主義を掲げて対抗したのである。

戦時における人種対立の問題が、底抜けに明るく見える『メイムおばさん』にも影を落しているのだ。この物語は戦後に書かれているので、反ユダヤ主義への批判的な視点が示されている。

他の点では陽気で、ひとのいいアメリカ人の一家も、人種的な問題では差別的な偏見をのぞかせる。メイムおばさんは、アメリカの闇をあばきだしてしまう。そして、甥にすすめていた結婚話をぶち壊してしまう。

そして戦争がはじまり、パトリックも戦場へ送られてゆく。おばさんはせっせと手紙をよこす。パトリックは負傷し、帰還する。

戦後、メイムおばさんはエリザベス・アーデン美容室へ行って十歳ぐらい若返り、五十になったが、「自由な四十代」を楽しむ。この章は「メイムおばさんの黄金の夏」と題されている。戦後の、復興したアメリカの〈黄金時代〉を反映しているのだ。私はこれまでこの時代をティーンエージャー文化、若者の時代と見ていたのだが、それだけではなく、戦争によって青春が中断された、中年の人たちが、失われた青春をとりもどして、若々しくふるまおうとした時代でもあるのだ。

メイムおばさんのように、もう若くない、中年の女性が主人公としてもてはやされたのも、そのあらわれだろう。ミュージカル『メイム』は大ヒットするが、その前の、やはり元気な中年女性が活躍する『ハロー・ドリー』の人気を受け継いだものといわれる。四十代というのが、まだまだ若く、魅力的な年代であることが認められたのだ。

「あたしは今や成熟した女、よ、坊や」とメイムおばさんはいう。「これからがあたしのもっとも豊かな時代なの、その時代を大いに楽しむつもりよ。これからは今まで以上に落ち着いた、内容のある生活を送ろうと思っているの――つまり、精神的、知性的により高い次元で生きるのよ――あなたとあなたのお嫁さんがつくってくれる、かわいい小ちゃなもじゃもじゃ顔の赤ちゃんの、いいおばあちゃんになれるように、ね」

　おばさんは、次から次へと花嫁候補を連れてくるが、甥は無関心である。そして、おばさんの推せんとはちがう娘と結婚し、男の子が生れる。

　そしてメイムおばさんは、その小ちゃな男の子に、自分の自由奔放な夢を贈ろうとするのだ。それをパトリック夫妻ははらはらしながら見ている。パトリックもかつてそんなふうに育てられてきたのではあるが。

『メイムおばさん』は、アメリカの一九二〇年代から一九四八年ぐらいまでの間の、現代史を生きてきたおばさんと甥の関係を軸としている。十歳だった少年は学校を出て、戦争に行き、結婚して子どもが生れ、三十歳の大人になっている。

　でも、おばさんはちっとも変らず、まるで年をとらないようだ。ミュージカル『メイム』の主題歌のように、「何でもやりとげるメイム、メイム、みんなに愛されるメイム」というのが、アメリカ人の〈おばさん〉への夢なのだ。

　変らないといったが、メイムおばさんのファッションは変っている。すでにのべたように、一九二八年に、おばさんはジャポニズムであったが、物語のラストではサリーを着て、すっかりインド・ファッションになっている。

　もしかすると、ファッションを次々と変えながら、本人はちっとも変らないというところが、〈おばさん〉のたくましさなのだろうか。甥のパトリックは成長して、ごく平凡なアメリカ的家庭人となっていくが、メイムおばさんはいつまでも一つの枠には収まらない。

グレアム・グリーン『叔母との旅』

破天荒なおばさんに甥が引きずりまわされる、という点ではグレアム・グリーンの『叔母との旅』は『メイムおばさん』に似ている。ミュージカル『メイム』が一九六六年に初演されて大ヒットしたことと、グリーンが『叔母との旅』を一九六九年に出したことは関係があるのだろうか。

もっとも、同じく、おばさんと甥といっても状況はかなりちがっている。『メイムおばさん』では、甥は十歳から大人になるまでおばさんに育てられる。『叔母との旅』では、甥はもう退職した五十歳代で、母の葬式の時、はじめて母の妹である叔母さんに出会い、それからつきあいがはじまるのだ。

そして、『叔母との旅』には、『メイムおばさん』のアメリカ的な、底抜けの明るさとはちがった大人の世界のにがみ、成熟した人間の頽廃の香りが漂っている。そこには罪や死が影を落しているのだ。

一九六九年、グレアム・グリーンは六十五歳であった。なぜ、叔母さんと甥の話を書いたのだろうか。この頃、ちょっとうつ状態だったので、その気ばらしに書いたともいわれる。

ここには、それまでのグリーンの作品でおなじみのネタがパロディ化されてつめこまれている。グリーン・フリークには面白いが、仲間うちのジョークが多すぎるという批判もあった。叔母さんと甥というプライヴェートな枠組にすることで、グリーンも思いきって、内輪の、仲間うちのおしゃべりを存分に楽しんだ作品になっているのである。

まずこんなふうにはじまる。

「わたしがはじめて叔母のオーガスタに会ったのは母の葬式のときだったが、それはもう五十年以上まえのことになる。母は死んだ時おっつけ八十六になるところで、叔母は母より十一か十二若かった。わたしはその二年まえ充分な年金をもらって円満に退職していた。」（グレアム・グリーン『叔母との旅』小倉多加志訳　早川書房　一九七〇）

この前置にはちょっとおかしなところもある。母が八十六で亡くなり、叔母が十一か十二若いというと七十四、五である。そして〈わたし〉は銀行を円満退職というと、五十ぐらいだろうか。それが五十年前のことというと、この物語を語っている〈わたし〉は百歳ということになる。

これは百歳の語り手による物語なのだろうか。どうもそんな感じではない。話の結末では〈わたし〉はまだ五十代らしく、十六歳の娘と結婚しようとしている。

これがグリーンの気ばらしのジョークなのだとすれば、年齢についてもあまり厳密にこだわらなくてもいいかもしれない。

とにかく〈わたし〉《ヘンリー》は母の葬式でオーガスタ叔母さんにはじめて会う。そして叔母さんの家に招かれ、あらためて、叔母―甥のつきあいがはじまる。そしてヘンリーは、亡くなった母の実の子ではなかったという秘密を教えられる。父はある女性と親しくなり、ヘンリーが生れたのだが、その女性は結婚できなかったので、その代りにオーガスタの姉が父と結婚し、ヘンリーを自分の子として育てた、というのである。

ヘンリーは母の骨壺を持ったまま、叔母さんのアパートへ行く。そこは酒場の二階にあり、ワーズワスという黒人の大男が叔母さんに付添っている。ワーズワスはマリファナを所持していて、警察の手入れの際、それをヘンリーの母の骨壺に隠したので、その巻きぞえで、ヘンリーも叔母さんも取調べを受けるといった、てんやわんやの事件となる。

そんなことから叔母さんと甥は一緒に旅行したりするようになる。まずイギリスの南海岸のリゾート地、ブライトンに行く。グレアム・グリーンのファンなら、初期の傑作である『ブライトンロック』(一九三八)が浮んでくるだろう。

ヘンリーは叔母さんに、サーカス芸人から娼家のマダムまで、さまざまなあやしげな友人が各地にいるのにおどろかされる。そして麻薬だとか賭博だとか、地下的、犯罪的世界など非合法な生活にちっともこだわりがないことにもおそれをなす。それは銀行員一筋であった彼の生活から考えもつかないものであった。彼の五十歳までに従っていたモラルとは別なライフスタイルがあるのだ。叔母さんはまるでアラビアン・ナイトのような世界を旅していくのだ。

いつしか甥もそこに巻きこまれ、〈叔母との旅〉がはじまる。そしてイスタンブールへ旅するのである。グリーンの『スタンブール特急』（一九三二）が浮んでくる。

退職後、ダリアづくりに専念していた甥は、叔母さんとスタンブール特急に乗込み、珍道中がはじまる。旅の間、叔母さんはこれまでの波乱万丈の出来事を話してくれる。叔母さんが恋した男たち、不実だが魅力的な彼らとの黄金の日々を思って、「わたしもなんて長生きしたもんだろう」と叔母さんはいう。

「彼女はまた憂鬱な気持になった。そしてわたしははじめてダリアは隠退した男がいじるのにふさわしい仕事じゃないと思った。『叔母さんに会えてほんとによかった』とわたしはふと衝動的にそう言った。」（『叔母との旅』）

叔母さんによって甥は退職後の園芸趣味、ダリアづくりから、荒々しくスリリングな現実世界に引出されるのだ。叔母さんに会えてよかった、という甥に彼女は答える。

「『そうよ、おばばだってまんざら棄てたもんじゃないからね』と彼女は柄《がら》にもなく俗語をつかって言ったが、どこかひどく意味ありげで、そのくせひどく屈託がなく若々しい微笑をうかべながらそう言うのを見ると、わたしはワーズワスがやきもちをやいたのも無理はないという気がした。」

叔母さんの老いの中にきらりと光る若さの幻影を甥は見ることができるのだ。

スタンブール特急ではトゥーリーという若い娘と乗合せる。彼女はマリファナ煙草をやっていて、父はCIAであるという。そしてカトマンズに行くのだ、という。一九六〇年代のヒッピー族であり、チベットやネパールにあこがれているのである。叔母さんもオールド・ヒッピーなのかもしれない。

イスタンブールではスパイ事件に巻きこまれる。この街は国際スパイの巣窟なのである。叔母さんの若い恋人ヴィスコンティは、ドイツやイタリアの情報機関ともつながりがあったらしい。

イスタンブールが出てくるのは、ソ連のスパイ、キム・フィルビーのことをグリーンが意識していたからだろう。フィルビーはかつてこの地で活動していた。一九六三年、フィルビーがモスクワに亡命した事件は大きな話題になっていた。そしてグリーンはフィルビーと親しかった。

『叔母との旅』(一九六九)ではまだ、フィルビー事件はまともにとりあげられてはいず、ほのめかしやパロディの中に隠されている。後に『ヒューマン・ファクター』(一九七八)で、はじめて、この事件があつかわれた。

嵐のような旅からもどって、ヘンリーはまたダリアに水をやる日常にもどる。だが、叔母さんによって呼びさまされた冒険の世界が恋しくなる。

するとブエノスアイレスに来い、という叔母からの手紙が届く。もとの日常に退屈していたヘンリーはためらいなく、叔母さんの指示に従って出発する。ブエノスアイレスに着くと、さらにパラグアイの首都アスンションに来いという手紙が置かれている。

グレアム・グリーンは一九五〇年代に、ベトナムなど東南アジアにひかれていたが、一九六〇年代にラテン・アメリカを旅するようになる。一九六九年にはパラグアイ、アルゼンチンのルポルタージュを書いている。そして『叔母との旅』にも早速、パラグアイを使ったのである。

パラグアイでは、オーガスタ叔母さんは昔の恋人ヴィスコンティに再会し、一緒に暮していた。ヴィスコンティは戦犯として追われていた。南米には、メンゲレなどナチの戦犯がかくまわれていた。ブラジルにはマルティン・ボルマン、ボリヴィアにはバルビーが隠れていた。叔母さんによると、ヴィスコンティは戦犯ではなかった。

叔母さんはヘンリーに、パラグアイで一緒に暮そうという。危険ではあるが、冒険的であり、「あんたが生きてゆく一日一日は、あんたには戦《いくさ》に勝ったように思えるのよ。」

ヘンリーはパラグアイにとどまり、叔母さんとヴィスコンティと三人で暮すことを決心する。

彼が叔母さんと旅をしたのは、叔母さんが、彼は母の実の子ではないといったからである。叔母さんからだれが実の母だったかを知ろうと一緒に旅をつづけたのであった。その謎はしだいに解かれ、暗示される。

その答は、物語のはじめから示されていたともいえるだろう。オーガスタ叔母さんこそ、彼の母だったのだ。叔母さんと甥の物語は、青天の霹靂のうちに終る。だがその答は一瞬、ヘンリーの胸のうちに焼きつけられたけれど、彼はそれからも、彼女を〈おばさん〉といっていたのではないか、と私は想像するのだ。

E・M・フォースターの大伯母

E・M・フォースター『ある家族の伝記――マリアン・ソーントン伝』（川本静子／岡村直美訳　みすず書房　一九九八）は、フォースターの母方の祖母の姉、大伯母マリアンの伝記である。『インドへの道』『眺めのいい部屋』などは面白いと思ったが、なかなかこの本については、そのよさがわからなかった。

年をとると、この本のすばらしさがわかってきたように思える。すでにのべたように、グレアム・グリーンは、六十五歳の時、『叔母との旅』を書いた。E・M・フォースターは七十七歳の時、大伯母の伝記を書いた。年をとらないと、〈おじさん・おばさん〉のすばらしさや面白さはわからないのかもしれない。

マリアン・ソーントンは、銀行家で下院議員であったヘンリー・ソーントンの九人の子どもの一番上であった。彼女は一生独身で、弟妹たちの面倒をよく見た。さらに甥、姪、その子どもたちまで、三代にわたって家族に気を配っていた。

マリアンのすぐ下の、父と同名の長男ヘンリーがハリエット・ドールトリと結婚し、二人の娘が生れたが、ハリエットが急死し、その妹エミリーと再婚した。当時、英国では妻の妹との結婚は認められなかったので、フランスで暮すことになった。

そのため一層、マリアンが家長の代りに一家の面倒を見ることになった。一家の本拠はロンドンの南のクラッパムにあるバタシー・ライズという屋敷であった。

マリアンは一七九七年に生れた。幸せな少女時代を過すが、一八一五年に父が亡くなり、それを追うように母も亡くなった。

ソーントン家の後見人になったのはロバート・イングリスで、オックスフォード大学の古典文学博士であり、大学を代表する下院議員であった。まじめで誠実な人で、ソーントン家の子どもたちに尊敬された。またロバートは芸術と科学に関心を持っていたので、ソーントン家にも新しい文化が入ってきた。

ロバートはディナーパーティを開き、多くの文化人を招いた。ソーントン家の娘たちが接待をした。お客の中にアイルランドの牧師チャールズ・フォースターがいた。彼はやがてソーントン家の末娘ローラと結ばれる。二人の子であるエドワードが、E・M・フォースターの父なのである。

一八一六年、マリアンはパリ旅行をした。両親の死で大変であった彼女を慰めるため、後見人のロバートがとりはからったのである。父の兄であるダン・サイクス伯父夫妻が付添ってくれた。十九歳となったマリアンははじめての外国旅行にわくわくした。

一八一七年には、マリアンはまたヨーロッパに旅した。イングリス夫妻が一緒だった。彼女はこの旅の途中、前年に同伴した伯母にいきいきとした手紙を書いている。

なぜマリアンは結婚しなかったのだろう、とE・M・フォースターはいぶかっている。「両親が亡くなったとき、マリアンは若く美しく、人がよく明るく知的で実際家で、男性と同席することを楽しみ、しかるべき社交界にもしばしば顔を出しており、金もあり、家にとどまらなければならない義務もなかった。弟妹たちは、イングリス夫妻の行き届いた庇護のもとにあったから。両親の死後一〇年くらいのあいだか、少なくとも弟の結婚後には、夫を見つけるだろうと思われていたのだろうが、彼女は残念そうでもなく独身生活に落ち着いていく。」

マリアンは独身であったが、一八三三年からソーントン家の結婚ブームがはじまる。すでに触れたようにチャールズ・フォースター牧師がローラに求婚したのである。長男のヘンリーは反対であった。フォースターには財産がない、というのが銀行家らしい彼の意見であった。

しかし二人の決意が固かったので、ヘンリーはしぶしぶ同意した。二人は一八三三年に結婚し、十人の子どもをもうけた。夫婦は貧しかったので、マリアンが援助していた。

一方、長男のヘンリーは、妹の結婚をしぶっていたくせに、自分はハリエット・ドールトリとの結婚を決め、結局、同じ教会で二組の結婚式を一緒に挙げることになった。

ヘンリーが結婚したので、それまでバタシー・ライズの屋敷に同居していた後見人のイングリス夫妻が退去した。彼らは二十年間もソーントン家の面倒を見てくれたのであった。

一八三四年には四女ソフィアが未来の伯爵ジョン・メルヴィルと結婚した。つづいて一八三六年、五女ヘンリエッタがリチャード・シノットと結婚した。一八三七年、末っ子のチャールズが結婚した。しかしその二年後に病死してしまった。

一八四二年、次男のワトソンがフランシス・ウェッブと結婚した。ソーントン家の結婚ラッシュも一段落した。次女ルーシーは病弱で一八四四年に没し、あとは長女マリアンと三女イザベラが残った。

一八四〇年にヘンリーの妻ハリエットが亡くなってから、子どもたちは二人の伯母さんが世話をしていた。イザベラは上の娘ハーティをひいきにし、マリアンは下のエミーをかわいがった。

そしてついにイザベラも大執事ハリソンと結婚した。イザベラは四十五歳であり、ハリソンはさえない小男であったが金持であった。E・M・フォースターは晩年のイザベラを訪ねた時のことを次のように書いている。

「イザベラ大伯母さまがかなり老齢になられていたとき、一度、連れていかれて訪問したことがある。大執事に先立たれ、カンタベリーを離れて、イングリス夫妻が遺してくれたベッドフォード・スクエアの家に住んでいた。彼女は私を「お気に入り」にはしなかった――いまだに伯母たちのあいだでは甥や姪の別け隔てがあり、私はマリアンの「もの」だったからだ。」

おばさんがたくさんいると、甥や姪もそれぞれ派閥に分けられるわけだ。そしてもちろんフォースターはマリアンびいきである。

「マリアンは男の子の扱いがたいへん上手で、彼らに受けがよいことを願う大人には不可欠の、平等と不平等のバランスをとるすばらしい感覚を身につけていた。彼女はまた、女の子の扱いもたいへん上手で――男か女かどちらに片寄って肩入れするような独身女ではなかったのだ。若者が好きで、自分や弟妹たちもかつてはみな、若かったことをけっして忘れなかった。」

一八五〇年頃、マリアンには二十人の甥と姪がいた。一八五一年八月に彼女は甥と姪を連れて外国旅行に行った。ロバート・イングリス夫妻が先頭に立つはずであった。子どもがいない夫妻もまた、ソーントン家の子どもたちの〈おじさん・おばさん〉なのであった。

しかし、イングリス夫人がブローニュでけがをしたので、マリアンは妹のへンリエッタと四人の子ども（ヘンリエッタの子二人とフォースター家のJ・Jとローラ）を連れてフランスを旅した。

一八五二年、ソーントン家は大きな危機に見舞われた。ヘンリーが亡妻の妹と結婚し、イギリスにいられなくなったのである。一家の本拠であったバタシー・ライズも離れることになり、マリアンも住みなれた家に別れを告げた。ヘンリーの先妻の子ハーティとエミーのことをマリアンは心配した。後妻となったエミリーは、子どもたちをマニー（マリアン）伯母さんと会わせないようにした。甥や姪を平等にかわいがるマニー伯母さんの時代は終ったのだろうか。

もっともE・M・フォースターは、それからいよいよ〈伯母さん〉の時代になったとしている。長男ヘンリーと仲たがいして、バタシー・ライズを追われたマリアンは近くのイースト・サイド地区に小さな家を持った。地味な家であったが、やがてこの家は甥や姪の収容施設となった。

まず、マリアンがこの家に越してまもなく、妹のヘンリエッタが病いに倒れ、一八五三年に亡くなった。二人の孤児はこの家に引取られた。兄のイングリスは「十六歳の元気のいい男の子で、彼を見ていると、自分が美しいアラブ馬の背にとまっているハエのような気がします」とマリアンはいっている。こんなふうにやんちゃな甥を見ることのできる伯母さんはすばらしい。

イングリスはマリアンの最愛の第一の甥であった。彼は造船技師となったが、早死した。彼が伯母さんと交わした手紙は、すべて引用したいほど心なごむものである。E・

M・フォースターは次のような感想をのべている。

「話題は重要なものではないが、彼女の文体はよくなってはいないだろうか？　バタシー・ライズ時代の長々とののんびりした手紙には欠けていた簡潔さと機知が、六〇年代以降の手紙にはありはしないか？　家庭を失ったことは利点かもしれない。確かに彼女は元気な青年との交友関係で多くを得た。」

シノット家の二人の子どもに比べると、フォースター家の子どもたちは行儀がよく、おとなしかった。彼らはしばしば、マリアン伯母さんの家にやってきた。

「彼らみなにとって、マリアン伯母は振り仰いで見る、力あふれる存在であった。」

イングリス・シノットの死後、E・M・フォースターの父エドワードが、マリアンのお気に入りとなった。彼はやがて建築家となった。

E・M・フォースターは、一八七九年をマリアンの大伯母時代としている。なぜならこの年に、彼エドワード・モーガン・フォースターが生れたからだ。ここから彼と大伯母について語ることができるようになったのである。

母アリス・クレアラ・ウィッチロー（〝リリー〟）は、あまり豊かではない家に生れた。彼女が十二歳の時、知合いの医者に連れられて、マリアンを訪ねたことがあった。マリアンはこの少女が気に入り、ガヴァネスとしての教育を受けさせた。

さらに、マリアンお気に入りの甥エドワードとリリーが親しくなり、ついに結婚したのである。身分がちがうという意見もあったが、マリアンが賛成したので、話がまとまった。母のローラは、息子の選択がちょっと気に入らなかったようだ。

一八七九年にエドワード・モーガン・フォースターが生れた。マリアンは甥の子に対してても世話をやきたがった。年をとって、そのお節介は、度が過ぎてうるさがられるようになっていった。

一八八〇年、父エドワードが病死した。悲しみに暮れるリリーを慰めたのは、イングリス・シノットの未亡人メイミーであった。

マリアン大伯母は、それからどうするかについて精力的に動きはじめた。

「その計画の中心には私がいた。私がお気に入りの甥であった父の後釜で、それはちょうど父がイングリス・シノットの後釜だったのと同じだった。私は秘蔵っ子というありがたくないニックネームを付けられ、母が落ち込んでいる様子を見せると、生きがいとなる息子がいるのだから、と指摘されるのだった。」

マリアンはフォースターを自分の家に泊らせ、なかなか帰さないので、母をはらはらさせた。

フォースターは、マリアン大叔母の家の思い出をくわしく記している。彼女の寝室で朝食を食べさせてくれる。しかし子どもはどんどん成長するので、すぐにそれを卒業してしまう。

「イースト・サイドへの訪問ではたいしたことも起こらず、思い出してみると、こげ茶色のイメージだ。私は不幸ではなかったし、いやがらなかったが、広くおおっている雰囲気を察知しており、言われないのに、自分がぼけつつあるおばあさんの思いのままになっていることに気づいていた。マリアンは可愛いがろうとしてくれたが、年老いており、訪ねるたびにますます老いていった。」

成長していく子どもの、老人への残酷ともいえる観察である。

だが、マリアンの手紙は、いくらかお節介であるかもしれないが、なお知的な高貴さを保っている。

この伝記の終りに、フォースターはマリアンの彼あての手紙のすべて（九通）を再録している。八十代後半の女性が八歳の少年に書いた手紙である。当時、少年には内容のごく一部しかわからなかったろう。その一通の最後には、「とても退屈なお手紙ですから、終わりにしましょう。」とある。それを読み直して、七十七歳のフォースターは叫ぶのだ。

「退屈だって？　このような手紙をたくさん受け取れたり、書けたら！　気が散る子どもの膝に置かれるには、もったいない宝だ！　ヒアシンスの球根と練習帳と気が狂った王さま――なんておもしろい一連の話題だろう！　うまく記憶を呼び起こしてもらったら、いまでも生き残っていたかもしれないことが、どんなに多く、彼女の死とともに葬り去られてしまったことか!」

なぜあの時、もっともっと話を聞いておかなかったのか、と、かつて子どもであった老人は悔むのだ。おじさん・おばさんの思い出には、いつもそのような悔いが伴なっている。


一八八五年十二月十八日の手紙。

「親愛なるモーガン
送ってあげたご本が気に入ってくれて、うれしいです。不思議の国のアリスみたいな作り話が好きかどうか、分かりませんでした。だけどときには、作り話はとてもおもしろいものです。」

フォースターがいつか作家になることを、マリアン大伯母は予知していたのだろうか。彼女が贈った『不思議の国のアリス』(一八六五)が、フォースターに文学を目覚めさせたのではなかったろうか。

そして一八八七年一月一日の手紙。

「子どもというものは、病いの床にある者や悲しんでいる者たちがいろいろなことに耐えられるように自分たちがどれほど助けてあげられるのか、私たちをどんなに明るく楽しくしてくれることができるのか、分かっていないのです。(中略)私はとてもとても年寄りなので、もう一年生きて——新年おめでとう、とあなたに言えそうもありません。

それは分からないことなのですが――あなたがいままわりのみんなにとって、そして、とくにおばあちゃんのマニー伯母さまにとってはどんなに大きな喜びであるかは分かっていますよ。」

マリアンは次の年を迎えることはできなかった。一八八七年十一月、彼女はこの世に別れを告げた。八歳の少年はその死を聞く。わあっと泣いたが、本当はこの年寄りを好きではなかった。

「のちになって、私はマニー大伯母さまをもっと愛するようになった――彼女の善良な一生をたどろうとしているいま、とりわけ愛している。」

子どもは、〈おじさん・おばさん〉の愛を理解しないし、すぐに忘れてしまう。だがすべてが失われてしまうわけではない。大人になり、年をとって、そのことを思い出す人もいるのだ。

E・M・フォースターは七十七歳になって、大伯母マリアン・ソーントンの伝記を書いた。その時はじめて、彼女の愛がいかに大きかったかを理解し、彼女を愛したのだ。

彼女が亡くなった時、フォースターに八千ポンド遺してくれた。そのおかげで、彼はケンブリッジ大学に行き、卒業後二年間旅行することができ、その間にものを書く気になった。

「私はいままでのところ、マリアン・ソーントンにずっと感謝している。なぜなら、ほかならぬマリアンが私の作家人生を可能にし、彼女の愛がたいへん現実的な意味で、その死後も私を支えてくれたからだ。」

フォースターはこの本を、こう結んでいる。自分が作家になったのは彼女のおかげだ、といっているのだ。七十七歳になって、彼は〈おばさん〉の愛を再考し、その伝記を書いて、思い出を甦えらせたのであった。

〈おじさん・おばさん〉の思い出は、すぐに忘れられてしまう。子どもたちは日々、成長していくからだ。しかしその思い出は、すべて失われてしまうわけではなく、いつかもどってくるのだ。

E・M・フォースターが、晩年になって、自分がなぜ作家になったかをふりかえった時、かつてその愛を理解できなかった大伯母マリアンの思い出がみずみずしく浮び、その珠玉のような手紙のすばらしさにやっと気づいたのであった。

私たちにも、そんな〈おじさん・おばさん〉がかつていたのではないだろうか。

第三章　おじさん・おばさん一〇〇人

ふとしたことで〈おじさん〉〈おばさん〉に興味を持った私は、いろいろな〈おじさん〉〈おばさん〉をさがしてみることにした。これからその途中で見つけた一〇〇人のおじさん・おばさんを紹介していきたい。なにしろたくさんなので、ほんのメモ程度であり、なかにはとんでもない人もいるが、価値判断や分類は控えて、思いつくままにスケッチしていきたい。気に入ったところで足を止めていただきたいと思う。

叔父ドガ

ジャンヌ・フェブルの『叔父ドガ』（東珠樹訳　東出版　一九八一）は、姪による画家ドガについての最良の本の一つである。彼女はドガの絵を理解し、晩年のドガの世話をしている。

「私は叔父に関して、最も明確でしかも生き生きとした思い出を心に持っています。私には、彼の自画像の一枚を見るだけで充分です。すると、私は彼の眼なざしを感じ、時にはさりげなく教訓を述べていた叔父の、あの忘れられない声が聞えてくるのです。」

ドガの芸術を理解するのに重要なヒントがこの本にはあふれているが、それについてはとても触れていられないので、叔父と姪の関係をたどっておこう。ジャンヌの父はドガの姉マルゲリイトの夫で、建築家であった。彼女は芸術的な環境で育ち、叔父の絵がよくわかったのであった。

ドガは人間嫌いで、人づきあいが悪かったといわれるが、そんなことはなく、人間的にやさしい人であった、とジャンヌはいう。

「われわれ姪や甥に対しても、ドガは、類のない心遣いを示しました。まるで自分の子供たちでもあるように、われわれを愛し、好き嫌いの区別をつけるようなことはありませんでした。（中略）ドガは、絶えず、われわれを見守っていました。たとえ遠くにいる時でも、われわれが彼に出す手紙だけで、彼は、われわれの気持ちや性格を正確に思い描くことが出来ました。」

ドガは理想の叔父であった、とジャンヌは書いている。

ドガは姪や甥を自分の子のようにかわいがった。彼は独身であった。彼の描く女性像には独身男の意地悪な目がある、ともいわれる。そんなことは絶対ない、とジャンヌは断固否定している。

叔父の教訓

マーク・トウェインの短篇に「私の懐中時計」というのがある。主人公は新しい懐中時計が気に入っている。遅れも進みもせず、正確に動いてきた。ところがある時、止まってしまう。そこで一流時計店に持っていくと、勝手にいじくりまわし、動きだしたが、今度はどんどん進んでしまうようになった。

別な時計屋に持っていくと、分解掃除をした。そして直るどころか、逆に遅れるようになった。また別な時計屋に行くと、全部バラバラにして、ぜんまいの香箱がおかしいといった。しかし直るどころか、遅れたり、進んだりした。

四軒目の時計屋に行くと、キング・ボルトがこわれているといい、とりかえてくれた。時計はますます狂いだした。

五軒目では毛状引金が故障しているといった。それを直したが、今度は二つの針がくっついて動くようになった。

六軒目ではガラス蓋、大ぜんまいをとりかえてもらった。すると時計の不規則な動きはますますひどくなった。

七軒目に行った。二百ドルで買った時計に修理代がすでに二、三千ドルかかっている。今度の時計屋はもと蒸気船の機関士であった。この時計は、蒸気が出すぎるから、安全弁をしめないと、などといった。〈私〉はそいつの脳天を叩き割った。なんの話に脱線しているのだ、というかもしれない。ご安心あれ、最後に次のようにある。

「私のウィリアム叔父は（いまは惜しいことに故人となったが）良馬は一度逃げたらもう良馬でなくなるし、良い時計も、一度時計屋どもにいじくられたら最後だめになるとよく言っていた。また叔父は下手くそな鋳カケ屋とか、鉄砲鍛冶とか、靴屋とか、機械屋とか、鍛冶屋とか世の中に沢山いるものだが、その連中は一体どうなるのかなあ、とよく不審がっていたが、はたしてどうなったか誰も叔父に教えてくれる者はなかった。」（『マーク・トウエン短篇集』古沢安二郎訳　新潮文庫　一九六一）

叔父さんのいうことにまちがいはない。

美しきミュンヒェンの世紀末

ハンス・カロッサは『美しき惑いの年』（手塚富雄訳　岩波文庫　一九五四）で、一八九七年、ミュンヘンの大学に学んだ時を追憶している。ミュンヘンは、ウィーンなどとともに、十九世紀のアール・ヌーヴォー・スタイルが栄えた都市であり、かつて、カロッサの本を手にしつつ、ここを歩きまわったことがなつかしく思い出される。

カーディングという地方都市の出身であるカロッサは、かねてあこがれていたミュンヘンに、医師になる勉強をするために出てくる。ミュンヘンは母のふるさとであり、母方の親戚がいた。

「わたしの母が自分の生れ故郷のミュンヒェンを一から十まで褒めそやす話しぶりは、少年時代のわたしに、ミュンヒェンには、どんなむつかしいことでもやすやすとやってのける恵まれた人、かしこい人ばかり住んでいるのだ、という感じをしみこましてしまった。カーディングにわたしたちを訪ねて来るミュンヒェンの伯母や従妹たちは菫《すみれ》や鈴蘭のほのかな香りにつつまれていた。その香りはわたしのそういう空想に一そう輪をかけさした。実はわたしはその芳香のもとであるチューブや小瓶の類は、ちゃんと自分の眼で見ていたにもかかわらず、それは彼女たちの生れつきの肌からくるのだと、本気で考えようとし、ミュンヒェンの女性はいい匂いのするにきまったものだと信仰していたのである。」

都会のいい香りのするミュンヘンの伯母さんが、若き日のカロッサのあこがれだったのだ。

『美しき惑いの年』は一九四一年に出された。六十歳を越えた彼が、十八歳であった、ミュンヘンの世紀末をなつかしんでいるのだ。

優雅でいい香りの世紀末の伯母さん、そこには彼の青春が映っている。私も彼女を見たかったと思うのである。

ラモーの甥

ディドロの『ラモーの甥』は不思議な作品である。哲学者である〈私〉（ディドロ自身ともいえる）がパリのカフェで〈彼〉（大作曲家ラモーの不肖の甥）と対話をする。天才である伯父さん（大ラモー）に対して、甥（小ラモー）の方は、まともな才能に欠け、パントマイムなどの大道芸をしたり、あぶない仕事をしたりして世を渡っている。

有名な伯父さんと不肖な甥といえば、ベートーヴェンとその甥に比較されるが、ベートーヴェンは甥を溺愛するが、大ラモーはまるで他人のように、甥に目もくれない。どっちにしても、あまりに偉い伯父さんというのは、困ったものかもしれない。伯父さんは君のためになにもしてくれないのか、と〈私〉が聞くと、あの人は自分のことしか考えていない、それが天才というものだ、と小ラモーがいう。

天才は自分の興味のあることしか考えない。他のことは、妻子も含めて関心がない。だが、世の中を変えるのは、天才なのだ。天才の伯父さんは甥のことなど考えはしないのだ。二人は天才論をくりひろげる。〈彼〉は大ラモーについていう。

「あれは冷酷な人だよ。残忍でね。人情というものがなく、けちんぼうで悪い父親だし、悪い夫だし、悪い伯父だな。しかも、あれが天才であるとか、自分の芸術を大いに深い境地にまで進めたとか、また十年後に彼の作品が問題になるとかいうことも、そうはっきり判定されてるわけじゃないしね。」（『ラモーの甥』本田喜代治／平岡昇訳　岩波文庫　一九九二）

なにがいいたいか、というと、天才は悪人かどうかについてである。ラモーは天才かどうかまだわからないとしても、ラシーヌやヴォルテールはすでに天才といわれている。彼らは悪人である。天才と悪人は関係があるのか。そして、天才で悪人である伯父さんを持つと甥はどうなるのか。そんな話がくりひろげられる。

画商ヴォラール

ピカソをはじめとするモダン・アートの作家たちを売り出したアンブロワーズ・ヴォラールの『画商の想出』（小山敬三訳　美術出版社　一九五〇）は近代芸術史の必読の本であるが、画商になるまでの時代はこれまであまり読まなかった。今度、あらためて読んでみると、ここにも楽しい、おじさん・おばさんの思い出が語られている。

ヴォラールはインド洋にあるブルボン（レユニオン）島というフランスの植民地で生まれた。彼はエキゾティックな南の花に魅せられる。そして雛菊と白菫とで小さな花束をつくってノエミイ伯母さんに見せにいく。すると白い花と白い花の組合せはパッとしない、といわれてがっかりする。後にルノワールが、白と白の組合せはむずかしいが、美しいと語るのを聞いて、子どもの時のことを思い出すのだ。

このノエミイ伯母さんは母の姉で、ずっと独身で、甥や姪の教育をしていた。「ノエミイ伯母さんは、委託された児童達に対し、雛鳥をかこう雌鳥の心尽しをしたものだ。――肩掛の下で丸くした恰好迄、あたかも、卵を孵す親鳥が、猜疑深く雛を翼でかばうようであった。

老嬢の彼女は、悪魔の恐怖におびえて生きて居た。…

私は、度々胸に小さく十字を切る彼女を見た。

『坊や！　これ、潔い心を保つ為ですよ。悪魔の餌食とならぬように……』」

男の子は、迷信深い伯母さんをちょっと馬鹿にするようになるのだが、大きくなって、悪魔から守ってくれた伯母さんをおぼえているのだ。

六歳になると、ノエミイ伯母さんから初歩的な読み書きを習う。少し大きくなると、先生につくようになり、伯母さんのもとを飛立っていく。

教育家フレーベル

ペスタロッチを継ぐ教育家フリードリヒ・フレーベルは一七八二年、ドイツのチューリンゲンの森のほとりに生れた。波乱万丈の生涯を過し、児童教育運動を展開し、一八五二年に没している。彼は生涯を手紙の形で書き、『フレーベル自伝』（長田新訳　岩波文庫　一九四九）としてまとめられている。

フレーベルの父は牧師であった。母は彼を生んでまもなく亡くなった。彼は兄姉たちに育てられ、母の愛を知らなかった。四歳の時、父が再婚し、やがて自分の子が生れた継母はフレーベルによそよそしかった。

一七九二年、十歳の時に転機が訪れた。家族の中で孤立していたフレーベルを救い出してくれる人があらわれたのである。

「この年母方の伯父が私達を訪れた。彼は優しくて愛情に充ちた人だつた。私達のところに彼がやつて来たことは私にもよい印象を与へた。この伯父は経験に富んだ人であつたから、私の逆境を看破したらしい。といふわけは出発後直ちに彼は手紙で私を彼に引渡すやう父に乞ふて来たのである。父は容易にまた喜んでそれを承諾した。一千七百九十二年の暮私は伯父の許へ行つた。子供も妻もたうに亡くなつて、ただ老いたる姑が彼と共に家とあるだけだつた。私の父の家には厳格が、そしてここには温和と親切とが支配してゐた。あそこでは私は私に関しては不信用を見たが、ここでは信用を見た。あそこでは私は束縛を感じ、ここでは私は自由を感じた。今までは自分と同じ年輩の少年の仲間に入ることは殆どなかつたが、ここでは実に四十人の学校友達を見附けた。」

フレーベルはこの伯父さん（シュタットイルムの地方監督ホフマン）に引取られ、新しい人生を歩みはじめた。彼の人類愛、人類教育の理念は、この伯父さんから受け継いだのではないだろうか。

ツルゲーネフの『貴族の巣』

私はツルゲーネフの『貴族の巣』の書きだしが好きだ。こんなふうにはじまる。

「うららかな春の日の黄昏《たそがれ》ちかくなった。薔薇《ばら》色の小さな雲が、澄み渡った空に高くかかっていたが、それは流れ漂おうとしないで、紺青の深みへ吸い込まれて行くようであった。

県庁所在地Ｏ市の町はずれ、とある優美な家の開け放した窓ぎわに、二人の婦人がすわっていた（それは、一八四二年のことであった）。一人は年のころ五十ぐらいで、いま一人は七十かっこうの老婦人であった。」（『貴族の巣』米川正夫訳　角川文庫　一九五一）

ツルゲーネフの小説は、ロシアの貴族社会の黄昏を描くが、『貴族の巣』はその典型である。

第一の婦人はマリア・ドミートリエヴナ・カリーチナといい、未亡人である。夫は県の検事であった。第二の婦人は彼女の父の妹であるマルファ・チモフェエヴナ・ペストーヴァで「変わり物で通していた。独立不羈《ふき》の性質で、誰にでも面と向かって歯に衣《きぬ》きせぬ口のきき方をし、ほんのわずかな財産しかないくせに、まるで何千何万という金があるようにふるまっていた。」

さて、この二人は主役ではない。主人公はマリアの娘リーザと彼女が恋するラヴレーツキイというイギリス帰りの若者である。

二人の婦人は今や崩壊しようとしている古きよきロシアの世代に属している。二人ともこの物語の終りにはもういない。

脇役ではあるが、変りゆくロシアに対して、歯に衣きせぬ批判を浴せかけるマルファ叔母さんの姿が、読後に忘れがたい印象を漂わせる。

『エリア随筆』

私の習った英語の教科書には、チャールズ・ラムの『エリア随筆』がよく出ていた。今はどうだろうか。その中に「私の近親」というのがある。

「両親のうちのどちらかが生きておれば、珍らしいこととして、それを天の恵みと考えてもよい年輩に、私は達している。私はその幸福を持っていない。」(『幻の子供たち――エリア随筆抄』山内義雄訳　角川文庫　一九五三)

ラムがまず思い出すのは伯母のことである。

「私には、なつかしい親切な伯母があった。伯母は世間に背をむけて、独り者の気楽さを通したのであった。この世の中に可愛いのはお前だけだと、よく言っていた。そして、私がこの世を去ろうとしていると考えたときには、母親にも似た涙を流して、私の上に身をふせて悲しんだ。これほどまでに全く排他的な偏愛は、私の理性が全部的には認めることを許さない。」

この伯母は父の姉で、ずっとラム一家と同居していたという。一七九七年、ラムが二十二歳の時に亡くなっている。ラムは末っ子で、兄や姉と年が離れていたので、この伯母にかわいがられたのだろう。その偏愛に感謝しつつも、理性的には受入れがたいところがある、というのがおかしい。

末っ子で、気がやさしかったからだろうか、彼は伯父さんより伯母さんにかわいがられた。

「誰かの言葉の、男の伯母なるものは――私の記憶では――一人もいない。伯父の側からすれば、私は孤児として生れたといって差し支えない。」

おじさんということだろうか。〈男の伯母〉といういい方が興味深い。おばさんのようにこまやかなやさしさを持った

アクサーコフの幼年時代

十九世紀のロシアでは、近代的西欧主義者とスラブ（ロシア）主義者の対立があった。セルゲーイ・アクサーコフはスラブ派で、古きよきロシアの生活を描いた『家族の記録』（一八五六）で知られる。ツルゲーネフはアクサーコフを尊敬していた。『家族の記録』は先祖の話であるが、その続編『幼年時代』（一八五八）は、アクサーコフ自身の体験をもとにしている。当然、おじさん・おばさんもおびただしく出てきて、きりがないのだが、ここでは二人の叔父さんに触れておくことにしよう。

二人は母の弟でセルゲーイ・ニコラーイチとアレクサーンドル・ニコラーイチといい、竜騎兵連隊に勤め、休暇でもどってきたのであった。若くて美男子の叔父たちに、〈私〉はすっかり夢中になってしまう。

「二人はモスクワの大学の貴族寄宿学校で教育をうけ、読書を好み、詩を暗誦して朗読することができた。これは私には全く新しいことだった。私はそれまで詩というもの、またその読み方をも知らなかったのである。そればかりかセルゲーイ・ニコラーイチ叔

父さんは絵が大好きでまた上手であった。彼は水《みず》絵具と絵筆の入った小箱をもっていた……このこと一つだけでもう私は感嘆した。私は絵を見ることは好きであったが、しかし絵を描くということはなにか魔法のようなもの、超自然なもののように思われていた。それで私はセルゲーイ・ニコラーイチ叔父さんが崇高な存在というふうに見えるのであった。」（S・T・アクサーコフ『幼年時代』貝沼一郎訳　人力社　一九九三）

アクサーコフはモスクワ帰りの叔父さんたちによって詩（文学）と美術を知ったのであった。その刺激によって、彼は作家として目覚めていくのである。

ゴーリキーの幼年時代

同じくロシアの作家の幼年時代ではあるが、マキシム・ゴーリキーのそれは、貴族出身のアクサーコフとはずいぶんちがっている。そこにはやはり二人のおじさんが登場するが、決してモスクワ大学出のインテリなどではない。

ゴーリキー『幼年時代』（湯浅芳子訳　岩波文庫　一九六八）では主人公の十歳までをあつかっている。〈わたし〉は父を亡くし、母とともに祖父の家で厄介になる。祖父は職人の親方で染物工房をやっている。そこでは母の二人の兄であるミハーイル伯父とヤーコヴ伯父が働いている。二人は飲んだくれ、殴り合いのけんかをする。

一家は没落しかけ、醜く争っている。そこにはアクサーコフの家を包んでいた文化・教養といったものは皆無のようだ。

ところがそうでもないのだ。ヤーコヴ伯父はギターの名手なのだ。彼がギターの上にかがみこみ、弦をつまむと、「なにか心をうつ、思わず立ちあがらせるようなものを弾《ひ》いた。」

それは魔術のように、争っていた家族をとらえてしまうのだ。

「彼の音楽は張りきった静けさを要求した。それはせわしい流れとなり、どこか遠くから駆けてきて、床や壁のなかへしみとおった。そして心臓を波だたせながら、悲しい不安な、わけのわからない感情をそそった。この音楽を聴いていると、みんなが、そして自分じしんが、かわいそうになった。大人《おとな》までが小さく見えた。みんな深い思いに沈んだ沈黙のなかに身をひそめて、じっと動かずすわっていた。」

粗野に、醜悪に荒れ狂っている伯父さんがこんなにも人々を魅了するギターを弾くことができたのであった。

『若き日の芸術家の肖像』

ジェイムズ・ジョイス『若き日の芸術家の肖像』は自伝的な作品である。はじめに、チャールズ伯父とダンティという女性が出てくる。どうやらこの二人がジェイムズ（作中ではスティヴン）の家に同居していたらしい。ダンティのモデルは金目当ての男にひっかかって財産をなくした女性で、ジェイムズの家庭教師をしていた。チャールズ伯父さんとあるが、実際は大伯父で、スティヴンの父の伯父さんであるらしい。どういうわけか、この家に居候をしていて、ちょっと軽くあつかわれている。父が伯父さんといっているので、スティヴンも伯父さんと呼んでいたのではないだろうか。伯父さんは父の手伝いをして、この家に世話になっていたが、小さなスティヴンをかわいがっていた。

「ブラックロックでの夏の初めの間、チャールズ伯父はいつもスティヴンの遊び相手になっていた。チャールズ伯父はすっかり渋皮色になった皮膚をした矍鑠《かくしやく》たる老人で、ごつごつした顔に真白な頰髯《ほおひげ》を生やしていた。週日にはカリスフォート通りにある家と、町の大通りにあって一家と取引関係のある商店との間の使いを老人はやっていた。スティヴンはこんな使いに一緒についてゆくのがうれしかった。というのも、チャールズ伯父が店先の蓋をあけた箱や樽にだしてあるものを何でも手当り次第、恐ろしく鷹揚《おうよう》に彼に取ってくれるからだった。」（ジェームズ・ジョイス『若き日の芸術家の肖像』飯島淳秀訳　角川文庫　一九六五）

スティヴンの父は収税官吏をやっていたというから、チャールズ伯父は、商店をまわり、手数料を集金していたのではないだろうか。その時、店先のリンゴなどの商品を勝手にスティヴンにとってくれたのである。店の人は大目に見ていたらしい。

バーネット『秘密の花園』

フランシス・バーネットは『小公子』『小公女』で知られている。『秘密の花園』はそれほど知られていないが、彼女の最上の作品という人もいる。次のようにはじまる。
「メアリー・レノックスが伯父さんと一緒にくらすためにミッセルスウェイトのお屋敷につれてこられた時には、だれもが、彼女のことを、こんなに感じのわるい子どもは今まで見たことがないといったが、まったくそのとおりだった。」(『秘密の花園』龍口直太郎訳　新潮文庫　一九五四)

孤児が伯父さんに育てられる話である。いかにも大英帝国時代の話らしく、メアリーはインド生れで、父はイギリスの官僚である。しかし両親とも亡くなったので、本国の伯父さんのところに送られる。その伯父さんは英国の田舎の、大きくてりっぱでさびしい古い家に住み、とても気むずかしいという噂である。

作者のバーネット夫人は一八四九年にイギリスのマンチェスターに生れた。父が亡くなり、家も破産したので、母とアメリカに渡った。アメリカのテネシー州に母のきょうだいがいたのである。

しかしこのアメリカの伯父さんも破産したので、彼女は生活費を稼ぐために小説を書きだしたという。そのような経歴を反映して、『小公子』（一八八六）では主人公がアメリカからイギリスへ、『小公女』（一九〇五）『秘密の花園』（一九一一）ではインドからイギリスへと渡る。そして生れた国とは別な国にいる、それまで会ったことのない〈おじさん〉や〈おばさん〉に出会い、新しい人間関係をさがし求める。そして自分も変っていく。〈おじさん〉は異国への旅のことでもあるのだ。

ヘンリー・ミラー『わが青春のともだち』

ヘンリー・ミラーは子どもの頃に大好きだった伯母さんについて『わが青春のともだち』（田村隆一／北村太郎訳　徳間書店　一九七六）で書いている。といっても彼自身のではなく、親友のスタンレーの伯母さんなのであるが。スタンレーは孤児で、伯母、伯父の養子になっている。血のつながりがあるのは伯母で、その夫である伯父は、理髪店をやっていた。

「伯母というのは、キャベツを二つくっつけたような胸をした巨大な体格の持ち主で、このひとほどスイートで親切な女性には、ぼくのこれまでの人生でも、めったにお目にかかったことがなかった。スタンレーにとって、万一生みの母が生きていたとしても、この伯母のほうが、よほど実《じつ》の母親らしかったろうと思う。」

ところが伯父の方は酔っぱらいで、剃刀《かみそり》を持って養子のスタンレーを追っかけまわしたりした。

ミラーはスタンレーの伯母さんが大好きであった。「そのときは分からなかったが、スタンレーの伯母といっしょにいると嬉《うれ》しくて気分がのびのびとしたのは、彼女が愛情のこまやかな人だったからだ。」

母親がいつも愛情豊かであるとは限らない。ミラーの母は悪い人ではなかったが、しつけがうるさく、世間体を気にするところがあった。

スタンレーはポーランド系の移民で、ミラー家より貧しかった。ミラーがスタンレーのところに遊びに行くと、伯母さんはバターと砂糖つきの大きなライ麦パンをくれた。しかしスタンレーがミラーの家に遊びに来ても、母はパンもケーキも出さず、「おばさん元気?」とも聞かなかった。ミラーはスタンレーの伯母さんのやさしさをいつまでもおぼえていた。

サローヤンのお節介な叔父さん

ウィリアム・サローヤンの自伝的な短篇「友人たちの没落」（『サローヤン短篇集』古沢安二郎訳　新潮文庫　一九五八）で、生意気な少年であった〈私〉が高校の授業で教科書に出ている巨石柱群《ストーンヘンジ》の写真について、二万年前のものだという説明に、「どうして先生にわかるのですか？」と聞く。そんな質問は失礼だと先生は怒り、ついに校長まで出てくる。そして〈私〉がアルメニア人であることを知ると、「やっぱりな、アルメニア人でもなければそんな質問はしないだろう」といって教室を追出す。

〈私〉は家に帰って、たまたま訪ねてきていたアレクサンダー叔父さんに、その話をした。カリフォルニア大学で法律を学んでいた叔父は、〈私〉を連れて学校へ乗込み、アルメニア人への侮辱、差別であるとし、校長と教師をぎゅうぎゅう締め上げて、〈私〉の前でまちがいを認めさせる。

〈私〉にとってはありがた迷惑であった。

「これほど間の悪いことはなかったし、これほど叔父に腹を立てたこともなかった。

（中略）

たまたま私の母の弟であるという、頭のいい大人が、学校の偉い人たちのあいだに割込んで、その人たちを卑しめ、高飛車に出て、おどかしたのである。そして相手はそれに対して争おうともせず、おとなしく、うまうまと叔父に丸めこまれてしまった。そうだ、私は叔父にあんなふうに、うまうまと丸めこむようなことは、やってもらいたくなかったのである。」

　叔父さんは、アルメニア人である甥への差別であるとして、正義感に燃えて抗議したのである。しかし少年にとっては、それはお節介であり、余計なお世話であった。叔父さんはなにもしない方がよかったのだろうか。ありがたいような、迷惑なような。

ろくでなしのおじさんたち

チャールズ・ブコウスキー『くそったれ！　少年時代』（中川五郎訳　河出文庫　一九九九）には、ろくでもないおじさんたちが登場する。ブコウスキーは一九二〇年にドイツに生れた。一家はロサンゼルスに移民してきた。そして彼は、くそったれの少年時代を過すのだ。父は親戚の連中をののしりつづける。

「父には兄弟がいた。弟のベンと兄のジョンだ。二人とも大酒飲みのごくつぶしだった。わたしの両親はよく彼らの話をした。

『二人ともまるでどうしようもないね』と父が言う。

『家族がよくなかったのよ、父さん』と母が答える。

『おまえの兄貴だってろくなものになっていないじゃないか！』

母の兄はドイツにいた。父は彼の悪口をよく言った。」

ベン叔父は病気で死にかけていた。みんなでT型フォードに乗って見舞いに行く。山の上のサナトリウムである。ベンは結核なのだ。彼はハンサムでまだ若いが、死にかけている。「いい人生だった」と彼はいう。飲んだくれ、借金し、女を買い、働きもしないで、二十四歳で死んでいくなんて、なにがいい人生だ、と父はののしる。みんなでベンに別れを告げて帰ってくる。

ある時は、またT型フォードでジョン伯父を訪ねる。チャイナタウンのそばのスラム街らしい。伯母のアナがいる。ジョン伯父は出ていってしまった。悪いことをして警察に追われているのだ。二人の女の子と妻が置去りにされて困っている。母は缶詰を持ってきた。それを置いて帰る。

「わたしたちが走り去っていく時、伯母は戸口に出て手を振っていた。母も手を振り返す。父は手を振り返さなかった。わたしも振り返さなかった。」

ヘルマン・ヘッセ『青春は美わし』

ブコウスキーの青春はくそったれであったが、ヘルマン・ヘッセのそれは美《うる》わしい。

そのあたりのちがいに胸をつかれる。

ヘッセの『青春は美わし』(高橋健二訳　新潮文庫　一九五四)は次のようにはじまる。

「マテーウス伯父でさえ、彼なりに、私に再会することを喜んでくれた。青年が数年異郷にいて、それからある日、一応相当なものになって帰って来たとすると、どんな慎重な親類でも微笑を浮べ、喜んで握手するものである。」

立派に成長してふるさとにひさしぶりにもどってくる。家族も親類も心から迎えてくれる。両親にあいさつして、マテーウス伯父さんを訪問する。伯父さんはお店をやっているらしい。

「マテーウス伯父を私は帳場に訪れた。そこで伯父は新聞とカタローグの上にかがみこんでいた。私は椅子に腰かけないで、すぐに帰る腹でいたが、伯父はその実行を困難にはしなかった。」

はじめに「マテーウス伯父でさえ」とあるのは、商売一筋で、甥にのんびりつきあうといったことはしない性格らしい。それでも、うまくいっているようだな、といい、一応、歓迎してくれて、すぐに帳簿に目を落す。〈私〉にとってはその方が、うるさくなくて都合がいいので、すぐにおいとまする。一方、伯父の妻であるベルタ伯母は大歓迎してくれるが、都会での生活をしつこく聞きたがるので、〈私〉にはいささか迷惑なのである。

そして〈私〉はふるさとの二人の娘に淡い恋を感じるが、夏休みも終り、また都会へともどっていく。

ギボンの叔母

英国の歴史家エドワード・ギボンは『ローマ帝国衰亡史』（一七八七）で知られている。この大学者を育てたのは叔母さんであった。彼は母を早く亡くした。

「しかし幸ひ母の役を叔母のキャサリン・ポーテン嬢が代りにやってくれた。今でも彼女の名を思ひ出すたびに、私の頰には感謝の涙が流れ落ちる。独身だつた彼女はその充たされぬ愛情を、姉の総領子に移した。」（『ギボン自叙伝――わが生涯と著作との思ひ出』村上至孝訳　岩波文庫　一九四三）

この自伝は一七九六年に出された。ギボンは一七九四年に没しているので、死後に発売されたのである。晩年になっても彼はこの叔母を思い出すと涙を流している。子どもの頃、病弱だった彼を看病してくれただけでなく、学問への道を開いてくれた。

「私はこの優れた婦人、私の健康ばかりでなく精神の、ほんたうの母であつたキャサリン・ポーテン嬢から受けた数々の恩を、茲に重ねて述べようと思ふが、何だか嬉しいやうな悲しいやうな気持である。（中略）二人は恰も同年輩の友達同志のやうに、卑近なると深遠なるとを問はず、あらゆる問題について思ふまゝ話し合ひ、彼女にとつては、私の幼い思想の萌芽を見ることがその悦びであり褒賞であつた。」

ギボンが、インドの財宝とだって換えたくないという読書愛は、この叔母さんによって与えられたものであった。彼はこの叔母と、ギリシア神話からアラビアン・ナイトにいたる伝説や歴史を読み、やがて歴史家になっていったのである。

今なおすばらしい『ローマ帝国衰亡史』をギボンが書くにいたったのは、少年時代、叔母さんから、物語や歴史の面白さを教えられたからであった。

マリー・キュリーのポーランドの夏休み

一八六七年、マリー・キュリーはポーランドのワルシャワに生れた。当時のポーランドはロシアの厳しい支配に苦しんでいた。地主貴族で知識人の一家に生れたマリア・サロメ・スクウォドフスカは、ロシアの圧制を憎み、また女性としての自立を求めて、祖国を脱出し、パリに向い、女性科学者の先駆者マリー・キュリーとなった。しかし、十六歳になるまでを過したポーランドの大地の豊かさを決して忘れなかった。それは地方にいたおじたちの荘園での夏休みの思い出がもたらしたものであった。

首都ワルシャワではロシアの検閲が厳しかったが、地方ではその目がとどかず、比較的のんびりしていた。そこには古いポーランドの文化が残っていた。

ワルシャワの近くのマルキには母方の親戚がいた。マリーはリュドヴィカ叔母さんの家で夏休みを過した。またズヴォーラにはおじのヴワディスワフ・ボグスキの屋敷があり、さらに遠くのカラパチア山脈の麓のスカルブミェシュにはジスワフ・スクウォドフスキおじの屋敷があった。マリーは田舎のいとこたちと親しくしていた。

十六歳の時、マリーは学校を卒業し、結婚するか、さらに上の学校に行くかを決めなければならなかった。学校に行くには外国へ行かなければならない。

どちらか決める前に、彼女は、おじたちの荘園屋敷をめぐる旅をする。まず母方のおじヘンリックとヴワディスワフ・ボグスキの家をまわる。父は妻の二人の兄弟をろくでなしと言っていた。しかしマリーはそこで自由、平等、独立心を学ぶ。

さらに父方のおじジスワフの家を訪ねる。その妻マリアは新しい女であった。

この旅の後、マリー・キュリーは自分の道を決める。十六歳の夏であった。

マイルスのかっこいい伯父さん

マイルス・デイビスは黒人のミュージシャンとしてはかなり上流の家庭の出身であった。なにしろ正式にはマイルス・デューイ・デイビス三世という名だ。祖父の一世はアーカンサスに農園を持ち、白人相手に大もうけをしていた。父の二世は頭がよく、高校に行かず、いきなり大学に入り、三つの大学の歯学科の学位を取り、医者となった。

父の兄フェルディナンドも高校を飛び越してハーバード大学とベルリンの大学に行った。

「切れる人で、オレは大好きだった。シーザーやハンニバルや黒人史について、よく話してくれた。世界中を旅していたし、おやじよりもインテリで、女にもてていた。博打もやっていたし、『カラー』という雑誌の編集までやっていた。ものすごく頭が良かったから、オレはいつも、自分が馬鹿なんじゃないかと思ったものだ。」（『マイルス・デイビス自叙伝』中山康樹訳　JICC出版局　一九九〇）

頭がよくて、かっこよくて、女にもてるこの伯父さんにマイルスはひきつけられる。

「いつも彼にひっついて、旅や女の話を聞くのが楽しみだった。恰好もめちゃくちゃ良かった。彼にべったりのオレを見て、おふくろはよく怒っていたものだ。」

かっこよくて、ちょっと不良のおじさんと息子が遊ぶのを、母親は喜ばないものである。またマイルスは父とうまくいっていたが、母とは仲が悪く、鞭でひっぱたかれていた。

少年たちは、親戚ではちょっと評判が悪い、道楽者などといわれるおじさんにひかれるものだ。そこにはやかましい両親にはない、なにかわくわくするものがあり、家では許されないことができる自由がある。

シャガールのたくさんのおじ・おば

マルク・シャガールは一八八七年、ロシアのヴィテプスクに生れた。一九一〇年、パリに出て国際的な画家となった。しかし彼の原点はいつもロシアにあった。『シャガール　わが回想』(三輪福松／村上陽通訳　朝日選書　一九八五)にはふるさとの楽しい思い出があふれ、たくさんのおじさん・おばさんが登場してくる。

「私は少なくとも私の叔母たちについて一言はいわなくてはならない。ひとりは長い鼻をして、暖かい心と十人の子持ちだ。もうひとりは、鼻は短かいが、半ダースの子持ちだったが、彼女はむしろ自分自身を愛していた——どうしていけないことがあろう。」

あんまりたくさんいるので、だれがだれだかわからない。レリイ叔母さんはこんなふうだ。

「彼女の小さな鼻はきゅうりのようで、小さな手と小さな乳房が栗色の胴着《コルセット》の中に押し込まれている。

彼女はわめいたり、笑ったり、動きまわって、体をこする。

スカートの上にスカートを重ね、肩掛けを何枚も重ね、櫛やピンでごちゃごちゃにな

った髪の方まで肩掛けの房はとびはねている。（中略）

それから、ムウシァ叔母さん、グウチャ叔母さん、シャーヤ叔母さんたち。天使のように翼のある叔母さんたちときたら、市場を横切り、りんごや梨やすぐりの実の籠の上をとぶことだろう。」

シャガールの絵が浮んでくる。おじさんも六人以上いる。

「だれもがよいユダヤ人だった。お腹が大きくても頭のからっぽな人も、黒い髭《ひげ》の人も、茶色の髭の人もいた。

要するに絵なのだ。」

ミレーの大叔父

ジャン・フランソワ・ミレーといえば、「種をまく人」「落穂拾い」「晩鐘」などの名作が浮んでくる。パリで画家として修業し、裸体画ばかり描いていたミレーがなぜ農民の働く田園風景の画家となったのだろうか。もちろん多くの複雑な理由はあるとしても、忘れてはならないのは大叔父シャルル・ミレーの存在である。

彼は司祭であったが、フランス大革命による法律で、僧職を離れ、ふるさとの村へ帰ってきた。しかしそれまでの戒律を守ることにして、僧服を着たまま、木靴をはき、労働者となった。

「ミレーのこの優れた大叔父は、聖職者としての務めに常に忠実であり、畑仕事をしながらも瞑想の生活を送った。彼はミレー家の子供たちに汚れなき人生の模範を示したのである。畑に畝を引く時も、庭で作業をする時も、いつも彼のポケットの中には聖務日課書があり、膝までのスータン（神父の長衣）の裾をはしょって、満足そうに土を掘り返していた。」（アルフレッド・サンスィエ『ミレーの生涯』井出洋一郎監訳　講談社　一九九八）

この大叔父は、甥であるミレーの父をかわいがったが、その息子のミレーをさらにかわいがって、どこにでも連れていった。ミレーは次のように回想している。

「朝食の後、彼は畑仕事に出た。ほとんど毎日私を連れて行ったと記憶している。畑に着くと彼は長衣を脱ぎ、シャツ一枚とズボンの姿になった。

彼はヘラクレスのような怪力の持ち主だった。傾斜した地面を支えるために彼が築いた大きな石垣はまだ遺っており、これからもまだ楽に持ちこたえることと思う。」

ピカソの伯父さん

パブロ・ルイス・ピカソは一八八一年、スペインのマラガで生れた。スペインはいくつかの地方に分かれる。バルセロナのある北東部のカタルーニャ、首都マドリッドのある中央部のカスチリヤなどである。マラガは南部のアンダルシアにあり、地中海に面した港町である。南部のアンダルシアと北部のカタルーニャではことばも気質もずいぶんちがっているという。

ピカソの祖父ドン・ディエゴには十一人の子どもがあった。長男のディエゴは外交官となった。四男のパブロは神学博士となり、マラガ大聖堂の参事会員となった。彼は独身であった四人の姉妹と九番目のホセの生活の面倒を見た。ホセは画家になりたいといった。それをパブロは援助した。

十一人も兄弟姉妹がいたのに、この一家にはまだ男の子がいなかった。そこでホセの結婚が進められた。彼はマリア・ピカソ・ロペスと結婚した。だが、ホセが画家になるのを助けてくれた兄パブロが急死した。次の年、マリアは男の子を生んだ。亡くなった伯父さんの名をもらった。パブロ・ピカソが誕生したのである。親戚中が待っていた男の子であった。だから、おじさん、おばさんがむらがって彼をちやほやした。

十歳になった時、父親がラ・コルーニャの美術教師になり、一家はマラガから、スペインの北西のはずれの港町ラ・コルーニャに移った。大西洋の荒波が打寄せる厳しい土地である。

「ラ・コルーニャで過した四年間は、パブロにとっては重要な意味を持っていた。マラガとの突然の断絶、特に家族、祖母や伯父・伯母たちや、従姉妹たち、それに地中海の風土との断絶……」（ローランド・ペンローズ『ピカソ　その生涯と作品』高階秀爾／八重樫春樹訳　新潮社　一九七八）

伯父・伯母からの独立というのも時に必要であるらしい。

闘牛士のおじさん

アンドラス・ラスロという作家については『ぼくのハシントおじさん』（井上勇訳　晶文社　一九七七）しか読んでいない。飲んだくれの元闘牛士のハシントおじさんとマドリッドのスラム街で暮す少年の話だ。『広場の天使』という題で映画化され、日本でも上映されたので、それをきっかけに邦訳されたらしい。植草甚一もこの小説が好きだったという。

おじさんとペポーテはモク拾い（タバコの吸いがらを拾って、ほぐして巻き直して売るのだが、今は死語かもしれない）をやって生活している。他の人はおじさんをろくでなしの酔っぱらい、というが、ペポーテにとっては、かけがえのないおじさんなのである。

そのハシントに思いがけなく、闘牛士の仕事がくる。やっと衣裳や道具を工面して、出場することになる。ペポーテは切符が買えないので、こっそり入ろうとするが追出されてしまう。

ハシントはいよいよ牛と闘おうとする。その時、衣裳を貸した古着屋がとりもどしにあらわれ、ハシントは観客に嘲笑され、闘牛場から追出されてしまう。

入れなかったペポーテは外で待っている。追出され、試合を見られなかったと泣く。

「『すると、おまえは試合は見なかったのか』ハシントは、なおもたずねた。頭がすうっと軽くなり、わけもわからない幸福の感じがしだいにからだじゅうをひたしていった。」

ハシントはすべての人の嘲笑にさらされ、馬鹿にされた。だがこの子にだけは、それを見られなかったのだ。彼は少年に、いかに見事に闘って牛を倒したかをやって見せる。少年にとっておじさんは今なお、すばらしい闘牛士なのだ。

にんじんの名づけ親

ジュウル・ルナールの『にんじん』では、母親が末っ子に辛くあたる。赤っぽい髪の毛でソバカスだらけの子どもをにんじんと呼ぶのだ。にんじんは母親とうまくいかないが、人生とはそのようなものであると、受入れている。

だが彼の理解者もいないことはない。名づけ親である。

「どうかすると、ルピック夫人は、にんじんにその名づけ親のところへ遊びに行き、泊まってくることを許すのである。この名づけ親というのは、無愛想な、孤独な爺さんで、生涯を、魚捕りと葡萄畑で過ごしている。彼は誰も愛していない。我慢できるのは、にんじん一人きりだ。」（ルナアル『にんじん』岸田國士訳　岩波文庫　一九五〇）

孤独な老人と少年の間に不思議な友情が生れる。にんじんは老人をおじさんと呼ぶ。おじさんは、にんじんが母親に遠慮して、腹いっぱい食べていないのを口惜しがる。

「もっとくれというんだ」とはっぱをかける。

「にんじん──言うは易しさ、おじさん。いつも饑《ひもじ》いくらいでよしたほうがいいんだよ。

おじさん──わしは子供がないんだが、猿の尻《けつ》でも舐《な》めてやるぜ、その猿が自分の子供なら……。なんとかしろよ。」

おじさんと釣りに行き、夜は一緒に寝る。

「にんじん──僕、おじさんは大好きだ、いいかい。だけど、もし煙管《パイプ》を吸わなかったら、もっと、それこそ、ほかの誰よりも好きなんだがなあ。

おじさん──いうなよ、坊主……。こいつは、人間の持ちをよくするんだ。」

にんじんにおじさんがいてよかった。そしておじさんに、にんじんがいてよかった。孤独なおじさんと孤独な少年とはもう淋しくはないのだ。

ジャン・クリストフの伯父

ロマン・ロランの『ジャン・クリストフ』（一九〇四―一九一二）は、音楽を通して成長していく若者を描いた、教養小説《ビルドウングス・ロマン》である。クリストフが真の音楽に目覚めるのは一人の伯父さんのおかげであった。祖父も父も音楽家だったから、彼は小さい時からピアノを弾いたり、作曲したりすることを覚え、いっぱしの音楽家になったような気でいた。しかし音楽とはもっと根源的なものであり、うまい技術によってつくられるものではないことを、その伯父さんは気づかせてくれたのである。

それは母の兄のゴットフリート伯父であった。彼はあまりぱっとしない見かけの行商人で、親戚ではいつも軽く見られていた。親のまねをして、子どもたちも彼を馬鹿にして、からかったりしていた。しかし彼は子どもたちにやさしく、いつもおみやげを持ってきた。

ある時、クリストフがこの伯父さんと河岸に散歩に出かけた。あたりは暗くなりかけていた。ふと伯父さんは歌いだした。

「その歌には、ひとを感動させる誠実さがあった。考えていることが、そのまま歌になっているとでもいったようだった。クリストフはこれまでに、歌がこんなふうに歌われるのを聞いたことがなかった。」（『ジャン・クリストフ』新庄嘉章訳　新潮文庫　一九六九）

伯父さんは、歌はこしらえるものではなく、人間の中にあるものだ、という。まるではじめて聴いたように、クリストフは音楽に目覚める。それは父の教えてくれる音楽とはちがっている。

音楽は家の中にあるものじゃない、と伯父はいう。音楽は外にある。伯父は外の、神さまの息の中にある音楽を教えてくれたのであった。

アルプスの少女のおじさん

アルプスの少女ハイジは、「アルムおじさん」と呼ばれている老人に預けられることになる。ハイジは母を亡くし、その妹のデーテ叔母さんの世話になったが、まだ若い叔母が外に出て働くことになったので、ハイジの祖父であるアルムおじさんに預けられたのである。

アルムおじさんは村のだれともつきあわず、みんなにおそれられていた。そして村を離れた山小屋にたった一人で住んでいたのである。そんなところに小さな女の子は耐えられるだろうか。ハイジはまだ五つなのである。

昔読んだ時はさっぱり気づかなかったが、「アルムおじさん」については複雑な事情がある。アルムおじさんにはトビアスという息子がいた。トビアスがアデライデと結婚してハイジが生れた。大工であったトビアスが事故で亡くなり、そのショックで妻も病気になり、亡くなったので、ハイジはアデライデの妹のデーテが一時世話をした。アルムおじさんは息子の死で、人間嫌いとなり、山にこもった。

なぜ「アルムおじさん」というか、デーテが説明している。

「わたしの母のおばあさんはあの人のおばあさんの姉だったんですもの。それでわたしたちは、あの人をおじさんとよんでいるの。それに、わたしの父を通してわたしたちは、デルフリのほとんどすべての家と血がつながっているものだから、あの人はどこでもおじさんで通ったわけなのよ。それで山へ住むようになってからも、山の名をとってアルムおじさんとよんでいるわけなの。」(ヨハンナ・スピリ『アルプスの少女』関泰祐／阿部賀隆訳　角川文庫　一九五二)

〈おじさん〉がいかに広い意味を持っているかがわかる。ともかく、七十歳の「アルムおじさん」と五歳のハイジの間に、不思議な友情が育ったのであった。

モーパッサン「ジュール叔父」

アメリカで成功して大金持になった叔父がいる。いつか帰ってきて、みんな幸せに暮せるだろう。モーパッサンの短篇「ジュール叔父」(『モーパッサン短編集』1　青柳瑞穂訳新潮文庫一九七一）はそんな夢にとり憑かれている一家の話である。

ジュール叔父はフランスにいた時は、一家の困り者であった。身持ちが悪く、金づかいが荒く、一家の財産を使いこんでしまった。それで親戚で相談して、アメリカ行きの船へ乗せて送りだしたのであった。

ところがアメリカから手紙が来て、こちらでは仕事もうまくいったので、一財産できたらフランスに帰って、みんなを楽にさせたいとあった。

それ以来ジュールは一家の希望の星となった。そして彼が帰ってきたら、別荘を買い、まだ嫁に行っていない二人の娘に持参金をつけて結婚させる、といった計画が立てられた。毎週日曜日にはみんなで着飾って港へ行き、大きな船からジュールが降りてくるのではないかと待ち構えた。

下の娘に許嫁者があらわれた。いずれ金持の叔父が帰ってくるというのが魅力だったらしい。その結婚式の後、一家でジェルモーに旅行をした。小旅行であるが、イギリス領なので、ちょっとした外国旅行気分であった。

その船上で牡蠣をむいている老人がジュールそっくりであった。両親は顔を合わせないようにし、牡蠣の代金は小さな男の子に払いにやらせる。男の子は、「これはぼくの叔父さんだ。パパの叔父さんだ」と心の中で思う。

そして船を下りる時、男の子は叔父さんになにか一言いいたいと思うが、その姿は消えていた。

大人になった男の子は浮浪人を見ると、叔父さんを思い出して、五フランやる。

ソーニャ・コヴァレフスカヤの二人のおじ

ソーニャ・コヴァレフスカヤはマリー・キュリーの先駆者ともいえる。彼女は封建的なロシアを脱し、パリに出て数学者となった。『ソーニャ・コヴァレフスカヤ 自伝と追想』(野上弥生子訳 岩波文庫 一九三三)の前半には、自伝的小説「ラエフスキ家の姉妹(ロシアでの生活)」が入っている。彼女はそこにターニャの名で出てくる。二人のおじさんが登場する。

「ターニャの暖かい思慕の的となつた二人の人は、父の兄と、母の一人つきりの弟であつた。伯父さんのピョートル・セルゲーヴィチは、非常に背の高い立派な老人で、大きな頭には美しい白髪が波打つてゐた。」

ピョートル伯父さんは夢想家で読書家であった。科学上の意見に非常に興味を持っていた。妻はもう亡くなっていて、一人息子にすべてを譲り、趣味人として暮していた。しかしナジェジダという金持の跡取り娘が彼に想いを掛け、再婚した。美しく若い妻との結婚生活は不幸であった。そして、このわがままな女主人を召使たちが殺すという悲劇があった。

その事件のことを聞いて、ターニャは一層この伯父さんと親しくなった。彼女に数学を教えてくれたのはこの人であった。

母方のフョードル・パウリッチ叔父さんはまだ若く、ペテルブルクに住んでいた。彼がやってくると、一家の女たちはみんなでちやほやした。

「ターニャは叔父さんから目を離さなかつた。この叔父さんのものなら、その美しい白い手でも、当世風な英国好みの着物でも、何もかもよくて堪らなかつた。」

ターニャは叔父さんに恋してしまう。しかしそれはあっという間にはかなく消えてしまうのである。

カフカのおじさんたち

生涯の友であったマックス・ブロートによる『フランツ・カフカ』（辻瑆／林部圭一／坂本明美訳　みすず書房　一九七二）は、カフカの家系について次のように書いている。

「フランツ・カフカを生んだ二つの家系のうち、母方（レーヴィー家）には、社交嫌いでもの静かで変った人物が出ており、父方の血統には実生活に強いという特徴がある。」

カフカ家は生活意欲にあふれ、事業欲や征服欲がある。カフカは『父への手紙』（一九一九）で、自分はカフカ家の人間ではなく、レーヴィー家の者だ、といっている。だから圧倒的な父の世界＝実生活におびえるのである。彼は母方から文学的才能を受け継いでいるようだ。

母のユーリエ・レーヴィーは六人の兄弟姉妹の上から二番目であった。一番上のアルフレートは早くから外国に出て成功し、スペイン鉄道総裁になり、マドリッドに住んでいた。一生独身で世界を旅していた。カフカはこの伯父にあこがれ、スペインに連れていってほしいと頼んでいる。この伯父は頼りがいがあると期待されていたが、カフカの望みは叶えられず、がっかりしている。

母の弟のヨーゼフ叔父はアフリカのコンゴで植民会社を経営した。パリに住み、フランス人と結婚したという。

「このおじにとっては実生活だったものが、フランツ・カフカにおいては文学作品になったのである。カフカが遺した草案や完成した作品を見ると、作品の舞台がエキゾティックな土地であることが多い。」

母のもう一人の弟、ルードルフ叔父は孤独な変り者で、カトリックに改宗した。一番下の弟ジークフリート叔父は医者で、カフカの晩年にその病状を気づかった。

カフカのおじさんたちは、彼の文学にさまざまな影を落している。

パリのおじさん

シャーロック・ホームズの生みの親アーサー・コナン・ドイルはおそらく母方から文学的才能を受けたのだろう。父方は画家の家系であった。

私は『わが思い出と冒険　コナン・ドイル自伝』(延原謙訳　新潮文庫　一九六五)を読んで、コナン・ドイルが諷刺画家リチャード・ドイルの甥であることを知って、ちょっとびっくりした。ヴィクトリア朝の挿絵画家を調べていて、ジョン・テニエル(「アリス」の挿絵で知られる)とともに、リチャード・ドイルを知っていたが、コナン・ドイルと結びつかなかったのである。

コナン・ドイルの祖父ジョン・ドイルは十九世紀前半に活躍した挿絵画家であった。子どもたちは美術の才能を受け継いだ。長男のジェームズは挿絵画家、次男のヘンリは古画の鑑定家となった。三男がリチャード・ドイルで『パンチ』誌などで有名になった。四男のチャールズがコナン・ドイルの父である。彼は公務員となったが、そのかたわら絵を描いた。

母の父ウィリアム・フォーリはダブリンのトリニティ・カレッジの先生であった。母方には学者、文学者が出ている一方、軍人や冒険家もいた。

コナン・ドイルは家計が苦しかったので、医者になって収入を得るために勉強した。

その前にドイツに行き、ドイツ語を学んだ。帰りにパリに寄った。そこに「まだ見ぬおじマイクル・コーナン」がいたので会いに行ったのである。「おじ」といっても祖父ジョン・ドイルの妻の兄であるから、大伯父である。

マイクル・コーナンは「美術雑誌」の編集者で、ちょっと過激な人であったらしい。

彼はコナン・ドイルの代親であった。つまり彼が生れた時、コーナン家の先祖（シェイクスピア劇にも出てくる）の名アーサー・コナンをつけてくれたのだ。なるほどそれでアーサー・コナン・ドイルとなったわけだ。

しかし、もの心ついてから会ったことがなかったので、「まだ見ぬおじ」というのである。

「彼はパリに住んでいて、おいの子であり洗礼の子でもある私に、ついでに立ち寄ってほしいと言ってきた。」

このおじとの出会いは大きな影響を持ったようである。

「おじは親交をもって私を遇してくれ、まもなく私は家に帰ったわけだが、真の人生に一歩踏みだしたのだなと痛感した。」

パリのおじさんのところで、自分は大人になったことを感じたのである。

他人のはじまり

他人のはじまりというのは夫婦だろうか。いや、血縁だってあてにならないかもしれないから、親子や兄弟でも他人のはじまりかもしれない。ともかく、おじ・おばもある意味では他人のはじまりといえるだろう。

ドオデエの自伝的な小説『プチ・ショウズ　ちび君』（八木さわ子訳　岩波文庫　一九三三）によると、主人公の父は大きな絹織物工場を経営していたが破産してしまい、一家はばらばらになってしまう。父は遠くに出稼ぎに行き、母は兄のバチスト伯父さんの世話になっている。〈私〉は学校を追出され、パリで働く兄を頼っていこうとしている。

パリに行く前に、母に別れを告げるため、バチスト伯父のところに寄る。

「変人の標本と云ふのは、マダム・エーセットの兄さんのバチスト伯父さんの事だ！善人でもなければ悪人でもない。若い時に、背が高くて、痩せつぽちで、けちんぼで気の強い女と夫婦になつてからといふもの、奥さんに頭の上つた事がない。ところで此の年取つた子供の、此の世の中のたつた一つの道楽といふのは彩色をする事なのだ。かれこれ四十年といふもの、彼は絵具と絵筆と絵具皿とにとりまかれて生きて来たので、年がら年中絵入新聞の挿絵を彩色してゐるのだ。家中、古いイリュストラションやシャリヴァリーやマガザン・ピトレスクや地図などで一杯になつてゐる。」

新聞の白黒の挿絵に色を塗るのが趣味という子どもっぽい伯父さんであるが、〈私〉の母を厄介物あつかいしている。伯母は、〈私〉に早く母を引取れと露骨にいう。「伯父さんは家の者の乳牛じゃない」というわけだ。なんという連中だろう。だが、伯父さんは善人でも悪人でもないのだ。他人のはじまりにすぎないのである。

未来は未成年が築く

ドストエフスキーの『未成年』（一八七五）は、『悪霊』（一八七一—一八七二）の強烈な光にかくれているが、すばらしい作品である。といってもこの複雑な大長篇を論じようというのではない。ただそこに登場する一人のおばさんについて触れておきたい。彼女は脇役ではあるが、狂言回しとしてなかなか重要なのだ。

『未成年』は二十一歳の〈わたし〉によって語られる。革命前の封建的な地主が農奴を使っていた時代である。〈わたし〉は複雑な家族環境にある。戸籍上の父は庭師マカール・イワーノヴィチであったが、実は地主ヴェルシーロフの私生児であった。マカールは五十であったが、召使をしていた十八歳のソーフィアを妻にした。ところが主人のヴェルシーロフがソーフィアを気に入り、マカールから奪いとって、〈わたし〉を生ませたのである。

母ソーフィアや〈わたし〉の面倒を見てくれた伯母さんがいた。

「そのころこの屋敷に伯母さんが住んでいた。といっても別にわたしの伯母ではなく、ちゃんとした女地主なのである。それが、どういうわけか知らないが、みんなが生涯彼女を伯母さんと呼びならわして、わたしの伯母であるばかりか、ヴェルシーロフ家の人々ぜんたいの伯母のように思われていたが、実際にはほとんど血のつながりはなかったのである。」（『未成年』工藤精一郎訳　新潮文庫　一九六九）

タチヤナ・パーヴロヴナ・プルトコーワというこの婦人は、みんなの伯母さんであった。

そしていろいろな事件が起るが、すべて省略し、最後にこの伯母さんが学費を出して、〈わたし〉を大学に入れてくれる。

未来はつねに未成年によって築かれる、というのがこの小説のラストである。

シュヴァイツァーのおじさん

アルベルト・シュヴァイツァーのアルベルトというのは、おじさんの名をもらったものだという。そのおじさんは彼の生れる前に亡くなっていたから、直接は知らなかった。

シュヴァイツァーは一八七五年、上エルザスのカイゼルスベルクに生れた。父はプロテスタントの牧師であった。母も牧師の娘である。小さい時、アルベルトというのは母の亡くなった兄を記念してつけたと聞かされた。兄といっても実際は祖父の先妻にできた異母兄であった。シュトラースブルクの聖ニコラーイ教会の牧師であった。

母がいつまでも大事にしている人の名を自分が継いでいることを、シュヴァイツァーはいつも忘れなかった。

「わたしの母が心から愛していた人のいのちを自分が生きつづけているのだ、という思いは、わたしの心をつよくとらえた。それは特に、おじが親切であったことをいろいろと聞かされたからであった。シュトラースブルクが包囲されてから、しばらくのあいだ牛乳がひどく欠乏したことがあったが、そのころおじは毎朝自分の分の牛乳を、ひとりの貧しいおばあさんのところへ持っていってやった。おじがなくなってから、このおばあさんは、その当時どうして毎朝牛乳を手に入れたか、わたしの母に話してくれた。」

(「生い立ちの記」国松孝二訳『シュヴァイツァー選集』1　白水社　一九六一)

ずっと前に亡くなった、会ったこともないおじさんについて、その人のいのちを自分が生きつづけているのだ、とシュヴァイツァーは感じている。そのおじさんの思い出を彼に話してくれた母もすばらしい。そして彼はそのおじさんの道を歩き、困った人、苦しんでいる人とともに生きようとするのだ。

遠い縁者

日頃、あまりつきあっていない遠い親戚にばったり出会う。あの人は元気？　とか知っている限りの縁者の近況を聞く。それぞれどうしているかの返事があるが、すぐに質問がつきてしまう。

ジョン・ゴールズワージーの「遠い縁者」はそんなエピソードをあつかっている。私はゴールズワージーの短篇の自然描写が好きだ。しかしこんなに難解な作品があるとは知らなかった。実のところ「遠い縁者」を理解できたか自信がないのだが、〈おじ・おば〉のテーマとして気になるので、なんとかわかる範囲でとりあげてみたい。

クラブの喫煙室で、〈私〉は遠い縁者に会う。

「『それはさうと、ロンドンで何をしてるの？』と私は云つた。『僕はまた君が叔母さんとヨークシアに居ると思つてゐた。』」（ヂョン・ゴールズワァジィ「遠い縁者」『静寂の宿　研究と随筆』本多顕彰訳　岩波文庫　一九三三）

彼は〈私〉を、おじさんと呼んでいるから、甥ぐらいの年齢らしい。どうやら、ヨークシアの叔母さんの居候をしているらしい。ロンドンで職をさがしているといい、この国が今、いかにだめになっているかを激しく批判する。これは一九一二年に書かれたものである。

彼は労働者階級が、労働組合や年金や保険などによって保護され、自立を失っているという。〈私〉は、叔母さんに養ってもらってふらふらしているこの青年が、労働者の福祉などについて、なんでけちをつけるのかと思う。

しかし彼と別れてから、労働者を過保護にすると、叔母さんの居候になっている自分のように自尊心を失ってしまうと、いおうとしたのではないか、と思う。福祉とは、おじさん・おばさんの保護なんだろうか。

リルケのおばさん

リルケの『新詩集』(一九〇七—一九〇八)に「老女」という詩がある。親戚の居候として、ひっそりと暮している老嬢が浮んできて、切ない。

死んだひとのように　軽く
彼女は手袋をはめ　肩掛けをかける
衣裳簞笥の匂いが
あのなつかしい香りを追いやってしまった

(『リルケ詩集』富士川英郎訳　新潮文庫　一九六三)

かつて彼女を魅力的にした香りも、簞笥の防臭剤の匂いにかき消されてしまった。もう自分が誰であるかを問いはしない。今では「遠い親類の一人だ」。つまりだれでもなく、いるかいないかわからない存在であり、いなくなっても気づかれない。目立ってはいけないのだ。

ものおじたような部屋に気をくばって
整頓したり　いたわったりしている
たぶんこの部屋には　いまもなお
同じ娘が住んでいるからなのだろう。

自分の中では、おばさんはいつも同じ、若い娘なのだ。
ひっそりとつつましく、こんなふうに暮していたおばさんがいたな、と思い当る。私の知っているその人は若い時に胸を病んでいた。
だがそんなおばさんがいる部屋も今はなくなってしまったようだ。遠い親類が居候していた時代もなつかしく思えてくる。遠い親類はどこへ行ってしまったのだろう。私たちはその人たちが見えなくなった時代にいるのだ。

おじさんのコレクション

バルザックの小説の中で、一番くりかえし読んだのは『従兄ポンス』（一八四七）である。一般的人気はやや低いのだが、ポール・ブールジェはこれをバルザックの最高傑作としている。

まず興味深いのは、『従妹ベット』（一八四六）とペアで「貧しき縁者」というシリーズにくくられていることだ。貧乏人が金持の親戚にいかにひどい仕打ちを受けるか、という話なのである。しかし内容はまったく正反対で、従妹ベットはひどい親戚に復讐を遂げるのだが、従兄ポンスはひどい目にあっても、それを耐えしのび、大いなる贈物を遺していく。

私がこの小説をよく読むのは、ポンスが古美術のコレクターだからである。十九世紀のはじめ、今日のような美術品蒐集がはじまる。その様子が克明に描写されていて、美術史、文化史に役に立つので、しばしば読み返す。

ポンスは貧しい音楽家であるが、美食に眼がない彼は金持の親戚の家に出入りして、食事にありついている。人々はこの遠い親戚をじゃけんにあつかうが、彼はその屈辱に耐えしのんでいる。一方で彼は骨董の蒐集に熱中している。すばらしい目を持ち、まだ埋もれている名品を発見していく。そして人々が気づかないうちに、すばらしいコレクションになっていた。

従兄といわれているが、はっきりしたものではなく、漠然と親戚としてポンスはふるまっている。そしておじさんとして娘にただで音楽を教えてやった。

ポンスが亡くなると、貴重なコレクションが遺された。かつて彼にあまりやさしくなかった親戚はちゃっかりそれを譲り受けて、自分で集めたかのように見せびらかしている。おじさんは大いなる贈物を姪に与えて去っていった。だれにも感謝されずに。

アインシュタインの叔父さん

アインシュタイン家は西南ドイツのシュワーベン地方の出である。特別目立つ人もいなかった。

アルベルト・アインシュタインは一八七九年、シュワーベンのウルムに生れた。一歳の時に一家はミュンヘンに移った。父ヘルマンは小さな電気化学の工場を経営していた。母パウリーネはコッホ家の出身で、ピアノが上手だった。音楽愛好は母方から受け継いだらしい。

父は弟ヤーコプと工場を共同経営していた。ウルムからミュンヘンに移ったのも、ヤーコプの案らしい。兄弟は一緒に住んでいた。アインシュタインはこのヤーコプ叔父さんから数学の面白さを教えてもらった。彼にとって木曜日の昼が楽しみだった。ヨーロッパのユダヤ人社会では、木曜日の昼に貧しい学生に昼食をごちそうするという慈善の習慣があるという。アインシュタイン家ではマックス・タルムドという医学生を木曜に招いていた。小学生のアインシュタインはマックスから科学界の新しい発明や学説などを教えられた。

そこにヤーコプ叔父さんも参加し、むずかしい数学の問題を出した。アインシュタインはそれを解いて、得意になったりした。

「ヤーコプはアルバートをうまくおだて、代数に興味をもたせた。こんなぐあいに説明したのだ。『楽しい科学の野原へ、名前のわからない動物を狩りに行こう。ところで、それをXと呼ぶ。その獲物をしとめたら正しい名前をつけてやろう。』」（デニス・ブライアン『アインシュタイン　天才が歩んだ愛すべき人生』鈴木主税訳　三田出版会　一九九八）

こんな叔父さんがいたら、子どもにとって数学はとても面白いものだったにちがいない。

ニールス・ボーアの伯母さん

現代物理学において、アインシュタインの相対性理論とニールス・ボーアの量子論は二つの大きな柱である。

ニールス・ボーアは一八八五年、デンマークのコペンハーゲンに生れた。ボーア家は代々、学者の家系であった。父クリスチャン・ボーアはコペンハーゲン大学の生理学の教授であった。彼は女子の大学教育への門戸を広く開いた。そして女子学生の一人エレン・アドラーと結婚した。エレンはコペンハーゲンの財閥D・B・アドラーの娘であった。

結婚した二人はコペンハーゲンのアドラー家に住んだ。ニールスもそこで生れ、母方の祖父母やおじ・おばにかわいがられた。

夏はコペンハーゲンの北のナエルムゴールにある祖父の別荘で過した。

「伯母のアンナ・アドラーも、夏はよく別荘へ来た。この人はニールスたちの母エレン・ボーアの姉さんで、コペンハーゲンで有名な教育家であった。一八九〇年代の終わりに彼女はアメリカに渡り、帰国するとすぐに男女共学の学校を作った。アンナは妹のエレンのために尽し、その子ニールスやハラルドを自分の子のように可愛がった。」（ルース・ムーア『ニールス・ボーア　世界を変えた科学者』藤岡由夫訳　河出書房新社　一九六八）

アンナ伯母さんは、日曜には博物館や美術館にニールスと弟のハロルドを連れていった。ニールスは次のように回想している。
「夏休みにはナエルムゴールに行き、いっしょに森や野原を歩いたり、自転車で走ったりして、自然や人生について教えられた。そして私たちの想像力をひくすべてのことについて、彼女は冗談を言ったり、まじめに話したりした。」(前掲書の引用による)
デンマークにはすばらしい伯母さんがいたようである。

ロマノフ王家のおじさん

ロシア革命の嵐の中で、ロマノフ王家の人々は滅んでいった。その最後のロシア大公女マーリヤの回想は、なつかしく、哀しく王朝の運命を伝えている。マーリヤの父はロシアのパーヴェル大公、母はギリシアのゲオルギオス国王の娘アレクサンドラ王女である。パーヴェルはロシア皇帝アレクサンドル二世の第四子であった。皇太子はアレクサンドル三世となった。マーリヤの伯父に当る。一八九四年にアレクサンドル三世が列車事故の怪我がもとで亡くなり、その息子がニコライ二世となる。彼女の従兄に当る。

一九〇二年、マーリヤの父は皇帝の志に反し、国外追放になり、彼女と弟のドミトーリは、大公であるセルゲイ伯父に引取られた。

「伯父は、私達に立派な教育を施しているものと自負していたが、それはまた、私達の生活を隅々まで干渉することでもあった。」（マーリヤ大公女『最後のロシア大公女マーリヤ革命下のロマノフ王家』平岡緑訳　中央公論社　一九八四）

マーリヤと弟はセルゲイ伯父の屋敷に閉じこめられる。しかしそれも長つづきはしなかった。一九〇五年、日露戦争の敗北により、ロシア帝国は傾き、暴動が起き、革命へと向ったからである。

テロリストの襲撃により、セルゲイ伯父が暗殺された。マーリヤも危ないところであった。伯父の屍は近くの聖堂に運ばれる。

「担架の足元に膝を折っている伯母の華やかな衣裳が、彼女を取り巻く貧しい身なりの人達の間で異様に浮き上がって見えた。」

死せる伯父とひざまづいた伯母の華やかな衣裳。少女は歴史の残酷な悲劇に立会わなければならなかった。

トロツキーの幼年時代

レフ・トロツキーはレーニンとともにロシア革命の先頭に立った。しかしスターリンとの対立によって、国外に亡命しなければならなかった。革命運動に生きた人であるが、その『トロツキー自伝』（高田爾郎訳　筑摩書房　一九八九）を読むと、彼にもまた心なごむ幼年時代があったことがわかる。

トロツキーは一八七九年、ロシアのウクライナの田舎ヤノーフカに生れた。父は農民で、土地を買い、農園を経営し、かなり裕福になっていた。大家族で、おじ・おばもいっぱいいた。

一八八八年、トロツキーが十歳になろうとする頃、転機があった。オデッサの学校に入ることになったのである。そのきっかけは、母の甥のモイセイ・フィリポヴィッチであった。トロツキーの従兄であるが、二十八歳で、むしろおじさんであった。彼は政治的なことでつまづいたといわれていた。結核の療養のため、ヤノーフカに来ていた。彼はオデッサの国立のユダヤ人学校の女校長と結婚することになっていた。そして来年、トロツキーをオデッサに連れていき、自分の家に下宿させ、中学校に通わせようということになった。

モイセイは「田舎の粗野あるいは不正といったものに、深いショックをうけたのであった。」

封建的なロシアでは農民や労働者を主人が鞭打ったりする光景が見られた。モイセイはそのことにショックを受けたのである。そしてそのことをトロツキーにも感じるのを助けてくれたのである。過激派ではないが良心的な社会主義者であったこの青年は、田舎のおじたちの封建的な行為に強い批判を持った。そしてトロツキー少年の革命家としての目覚めの、一つのきっかけを与えたのである。

ケストナー『わたしが子どもだったころ』

「たしかに、半世紀は長い時間だ。だが、きのうのことだった、と思うことも少なくない。」とエーリヒ・ケストナーは『わたしが子どもだったころ』（高橋健二訳　みすず書房一九五八）で書いている。

ケストナーの祖父クリスチャン・ゴットリープ・ケストナーはドイツのザクセンの指物師の親方だった。十一人の子どもができたが五人は子どものうちに亡くなった。二人の息子は指物師になった。一人は蹄鉄工になった。カールおじである。一人は馬の鞍作りと室内装飾の職人となった。これがエミールで、ケストナーの父である。この一家からケストナーは職人気質を受け継いだ。

「わたしはまた体操の才能をヘルマンおじさんに負うているらしい。もちろんその才能は時がたつうちにさびついてしまったけれど——ヘルマンおじさんは七十五歳になってもまだペーニヒの体操協会で老年組の先頭に立っていた。」

母の生家は鍛冶屋兼馬商人であった。フランツ、ローベルト、パウルという母の兄たちは馬商人として成功した。肉屋になったおじさんもいた。特にフランツ伯父さんは商売がうまく、大金持になった。

「このがさつなフランツおじさんのほうが、兄弟から冗談に「男爵さま」と言われていた、やけに上品なパウルおじさんより、わたしは好きだった。フランツおじさんの馬丁や馬の間にいると、わたしはわが家にいるような気持ちになった。」

職人、馬商人、肉屋がたくさんいる親戚の中でケストナーは育った。そして不思議なことに彼だけが、文士になった。親戚が集まると、みんなはケストナーをいぶかしがる。ケストナーも自分のことをいぶかしがる。

アーサー・ランサムの大おば

「ツバメ号」シリーズなどの児童文学作家として知られるアーサー・ランサムは、一八八四年、イギリスのリーズで生れた。父はリーズ大学の歴史学の教授であった。

その自伝によると、父方の祖父も母方の祖父も、趣味に凝って、妙なものを発明したり、集めたりして、金もうけができなかった。その気質を彼が受け継いだらしい。

「二人の祖父は、二人とも二回結婚し、二回ともたくさんの子どもをつくった。だから、私が人生に歩みをはじめたとき、たいへんな数のおじ、おばがいた。」（『アーサー・ラン

サム自伝』神宮輝夫訳　白水社　一九九九）

母方の祖父エドワード・ベーカー・ボウルトンはオーストラリアにしょっちゅう行って水彩画を描いていた。

ランサムは湖沼地方のウィンダミアの寄宿学校に入れられた。ここで辛い学校生活を送った。唯一の救いだったのは大おばのスーザンが近くに住んでいて、休みに会えることだった。

「大おばは、高原地帯をのぼり歩く体力のある間は、キツネ狩りの叫びをきくとがまんできずにとび出していった。（中略）スーザンおばといっしょにいれば、私の心の石盤から学校は消え失せてしまうのだった。大おばと私はいつも親しい友人だったが、しかし、大おばの家の門を出て、いつもおくれ気味なのではやくもどりたいかのように丘をかけくだってオールド・カレッジに向う瞬間にまたはじまる不幸な暮しについて、私は一言も口にしなかった。」

しばしの安らぎを大おばの家で過して、また学校へと走ってもどっていく少年の姿が浮んでくるようだ。スーザンおばさんとの湖沼地方の自然の思い出が、彼の文学を育てる。

フランクリンの伯父たち

『フランクリン自伝』はベンジャミン・フランクリンが息子に自分の生涯を語ったものである。

彼の先祖はイギリスのノーサンプトンシャーに住み、代々、鍛冶屋であった。祖父のトマスには、トマス、ジョン、ベンジャミン、ジョサイアという四人の息子がいた。ジョサイアが彼の父である。したがって、父方に三人の伯父がいたことになるが、残念ながらジョン伯父は彼の生れる前に亡くなっている。

後にベンジャミンは息子とともに、イギリスの先祖がいた村に行き、このジョン伯父のことを土地の老人に聞いた。

「そのとき、彼らの話があまりにもおまえが知っている私の生涯や性格に似かよっていたので、おまえがじつにふしぎだといわんばかりの顔をしたのを、私はいまも覚えている。そしておまえは、『もしもこの伯父さんが四年後の同じ日に亡くなっていたら、それこそ人は生まれ変わりと思っただろうね』といったことだった。」(『フランクリン自伝』渡辺利雄訳　中央公論新社　二〇〇四)

四年後にベンジャミンが生れているので、生れ変りのようだ、といっているのである。長男のトマスは鍛冶屋になったが、学問をして、地元の公共事業などで大きな役割を果した。二番目の伯父ジョンと三番目の伯父ベンジャミンは染物屋であった。このベンジャミン伯父と父のジョサイアは特に親しかった。二人はイギリスでは認められていなかった非国教派で、父ジョサイアが一六八二年頃アメリカに移住してきたのも、弾圧を逃れるためだったらしい。ベンジャミン・フランクリンは三番目の伯父の名を受け継いでいる。もしこの伯父と父が異端でなかったら、フランクリン家はアメリカに移住しなかったかもしれない。そしたら、ベンジャミン・フランクリンがアメリカの「独立宣言」に参加することもなかったろう。

歴史好きの伯父さん

アンドリュー・カーネギーは鉄鋼王といわれた。アメリカを産業大国にのし上げた主役の一人である。彼は一八三五年、スコットランドに生れた。父は手織工であったが、産業革命による機械織に押され、仕事を失って、一家は一八四八年、アメリカに移住した。カーネギー少年は学校に行かずに社会に出て働き、電信技手となった。電気や鉄道の時代が社会を大きく変え、彼は鉄鋼業で大成功したのである。

『カーネギー自伝』(坂西志保訳　中公文庫 BIBLIO　二〇〇二)によると、彼は十三歳でアメリカに渡るまでしか学校に行っていない。しかし、スコットランド時代に一人の伯父さんから大事な知識を得るのである。

「私の生涯に計り知ることのできないほど大きな影響を与えた人を、ここで挙げておきたい。それはラウォダー伯父で、ジョージ・ラウォダーの父である。（中略）

私が学校へ行くようになってまもなく、伯母が死んだので、伯父はひどく気を落し、ひとり息子のジョージと私がたった一つの憩《いこい》となって、私たちはよく一緒にいた。伯父は子供のあつかい方をよく心得ていて、私たちにいろいろのことを教えてくれた。そのなかに一つ強く私の印象に残っているのは、英帝国の歴史であった。」

さらに伯父はスコットランドの歴史を教えてくれた。アメリカに渡ったカーネギーはこの国に歴史がないことを残念に思った。伯父さんが教えてくれた歴史の面白さは、彼にずっと残っていた。そしてアメリカ人になってもスコットランドがふるさとであることを忘れなかった。

彼の父は織物工場でいそがしかった。歴史好きなおじさんがいなかったら、彼は歴史を知らずにアメリカに行っただろう。

世話好きなおばさん

ヘンリー・ジェイムズの『ワシントン・スクエア』（河島弘美訳　キネマ旬報社　一九九

七）は実に面白い小説である。一九四九年に『女相続人』という題で映画化された。十九世紀はじめのニューヨークでワシントン・スクエアは上流階級の屋敷町であった。富裕な医師の跡取り娘キャサリンに、二枚目の求婚者があらわれる。父は財産目当てであるとして反対する。結局その話は壊れてしまい、キャサリンはひどく傷ついて、一生結婚しなかった。

キャサリンには二人の叔母がいた。ペニマン夫人ラヴィニアとアーモンド夫人の二人である。ラヴィニアは貧しい牧師と結婚したが死別し、兄の家に厄介になっている。アーモンド夫人は金持の商人と結婚し、うまくいっている。

この対照的な二人の叔母が物語に関与してくる。アーモンド夫人は自分の家族のことで騒がしく、姪のキャサリンについても遠くから客観的に見ているが、ラヴィニアは未亡人で子どももいないから、同居しているキャサリンの庇護者気取りで、あれこれ世話を焼いている。年頃の姪の結婚についても、本人以上に関心があるのだ。

モリス・タウンゼンドという魅力的な求婚者があらわれた時、すぐにその味方になったのはラヴィニアであった。彼女は二人を接近させようとあれこれ画策する。

父はとびきり美人でもない娘に求婚する青年が、誠実ではないと感じ、結婚を認めなかった。

結局、ラヴィニア叔母さんが余計なことをしたことになる。かつて、このように頼まれもしないのに縁談のお節介を焼くおばさんがいたものだ。いなくなってみると、いた方がよかったなどと思われてくる。

四人目の叔母さん

キャロリン・アンソニー編『ファミリー・ポートレイト――記憶の扉をひらく一枚の写真』（松岡和子／前沢浩子訳　早川書房　一九九四）という本がある。十九人の作家が子どもの頃の家族写真について思い出を語る、という内容である。当然のことながらおじ・おばがいっぱい出てくる。ここからいくつかを読んでみたい。

最初はカナダの作家マーガレット・アトウッドの「偉大なる叔母たち」である。母と二人の妹の三人姉妹の若い時の写真がある。

「子供の頃のJ叔母さんは痩せており、黒い瞳で、思い詰めたような顔。オカッパ頭の次女のK叔母さんは、男仕立ての服を着てきびきびした様子をしている。」

K叔母はものすごく秀才で、十九歳でトロント大学の修士となった。オックスフォード大学で博士号をとる学資を出してやると祖父はいったが、彼女はことわって、結婚して六人の子を生んだ。

J叔母はロマンティストで、文章を書くのが好きだった。

アトウッドも詩を書くようになった。母やK叔母には見せなかったが、J叔母には見せた。叔母さんは彼女の詩を読んで笑ったりはせず、またいとこのリンゼーに送った。彼はダルハウジー大学で英文学の教授をしていた。J叔母さんは姪をカナダ作家協会に紹介し、作家への道を開いてくれる。アトウッドの処女作が出版された。するとJ叔母だけでなくK叔母までが、すばらしいと喜んでくれた。

その時彼女は、自分が家族にやっと迎えられたように思った。あの三人姉妹の古い写真がある。

「いまそこに四人が並んで立つのだろう。私は「うち」に迎え入れられているのだった。」

おじさんはルーツだ

『ファミリー・ポートレイト』から二つ目。デイヴィッド・ブラッドリーの「収穫の祝い」。ブラッドリー家はデラウェア州シーフォードを起源とする。アフリカ系アメリカ人であり、祖父はダニエル・フランシスというシオン・メソジスト教会の牧師であった。ダニエルが亡くなると長男のジョンが一族の首領となった。その弟ディヴィッドの息子が作家のディヴィッド・ブラッドリーである。一族は「収穫の祝い」の時に集まってテーブルを囲み、食事をする。その中心はジョン伯父である。

「ジョン伯父さんはタイタンのように巨大だった。頭から太い筋肉質の首、力強く厚く広い胸がつづいていた。その胸の上で、伯父は祈りをこめて大きな手を組んでいた。」

この巨人は宴会で山のような料理や酒を食らいつくし、飲みつくした。そしてとどろくような声で話した。雷鳴のようだった。ディヴィッドはこの豪快な伯父さんが大好きだった。二人は仲良しで、よく一緒に話をした。伯父さんは一族の歴史を話してくれた。それは父から聞いた話より、ちょっとオーヴァーになっていた。

ブラッドリー家からは社会的にも文化的にも高い地位の人々が出た。政治家や大学の先生がたくさんいた。そしてディヴィッドも作家になり、大学教授となった。もうジョン伯父さんのようなタイプは過去の遺物であった。

しかし伯父さんが亡くなってから、ディヴィッドは思う。この一族は空高く飛上った。黒人でもこのように飛べるのだ、という例にあげられることもある。だがそのために、私たちは大地との接触を失ってしまったのではないか。今も毎年開かれる「収穫の祝い」の席で、彼はそこにいない伯父さんのことを思う。

僕のボブおじさん

ニューヨーク・ヤンキースの野球帽をかぶったじいさんが男の子と並んでいる写真がある。『ファミリー・ポートレイト』に入っているクライド・エッジャートンの「四枚刃のナイフ」から。エッジャートンはあまり読んでいないが、『ラーネイ』（一九八五）『エジプト徒歩横断旅行』（一九八七）『水上機ノート』（一九八八）などを書いている。

ボブおじさんは日曜日に、トラクター・トレイラー・トラックを運転してやってきた。フロリダからニューヨークに行く途中、ノースカロライナの〈僕〉の家に寄ったのである。おじさんは母の兄で、〈僕〉は五歳である。

おじさんは父と母に、「あいつをニューヨークまで連れてったらどうかな。二日たったら連れて戻るよ」という。両親は「考えてみなきゃ」というが、結局、〈僕〉を乗せないことにする。走り去っていくトラックを見送りながら、「ロバートが、何を運んでいるか知れたもんじゃない」という。おじさんはどうやらフロリダから非課税のウィスキーを運んでいたらしいのだ、五歳の〈僕〉にはまだわからなかったが。

おじさんとの友情は〈僕〉が大人になり、おじさんが八十六歳になってもつづいた。「おじさんは僕に対して率直な話しかたをした。単に甥に向かって話すのではなく、まるで古い友達に話すように。」

死ぬ直前、〈僕〉はおじさんの家の庭でおしゃべりをする。その時、おじさんは使いこんだ四枚刃のポケットナイフをとりだして、「これを取っといてくれ」という。おじさんから来る手紙にはいつも「君のお気に入りの伯父　ボブ」と書いてあった。

金色の時は過ぎ

「金色のものは必ず輝きが失せる」とエリザベス・スペンサーは書いている。また『ファミリー・ポートレイト』からで、「ティオック再訪」と題されている。スペンサーは一九二一年、ミシシッピ州生れ、『天使たちの広場』（一九六〇）などの作品がある。一九二〇年代のミシシッピ州で育った〈私〉と兄。やさしいが、規則にやかましい両親に育てられ、息がつまりそうだ。

「兄と私を救いにきた何かは、思いやりのある守護天使か、あるいは賢くて機知に富むゴッドマザーが手はずを整えてくれたのかもしれない。それは何かではなく誰かで、いつもそばにいた叔父、母の末の弟たちだった。」

小さい二人は近くに住むジョゼフ叔父のところへ泊りがけで遊びに行った。興味深いのはジョゼフ叔父と妻が、「ティオック」という共同体にいたことだ。アメリカではよく、このような共同体の村がある。日本でいえば、武者小路実篤などがつくった〈新しき村〉のようなものである。ある信念の下に集った人たちが共同生活をする村であり、コロニーである。

そんな共同生活は、小さな二人にとても新鮮に映っただろう。その精神は理解できなかったとしても、なにかを共有して生きている人々の理想主義的ではあるが、いくらか偏ったライフスタイルのあやうさが〈私〉にもちらりと感じられる。

しかし、それはいつまでもつづきはしない。〈私〉は大人になり、あのすばらしい叔父さんは事故で亡くなり、ティオックも廃墟になってしまった。

〈私〉はティオックのあとを見に行こうと誘われるのだが、行くのをやめる。ティオックと叔父さんの思い出は彼女の中にあるから。

伯母のための風車

建築家のフランク・ロイド・ライトは一八六七年、アメリカのウィスコンシン州で生れた。母方の祖父のリチャード・ロイド・ジョーンズはイギリスのウェールズの人で、ユニテリアン派の牧師であった。彼はアメリカに共同社会を築くため、ウィスコンシン州に移住してきたのである。

母方には五人の伯父と二人の伯母がいた。ジェンキン伯父はユニテリアン派の牧師となり、シカゴでその名を知られた。四人の伯父はウィスコンシンの緑の谷で農園経営に成功した。そして二人の伯母と母はこの地方で最初の共学のホームスクールを創設し、教育家として有名であった。

父のウィリアム・キャリー・ライトは音楽家であったが、息子が十六歳の時、家を出てしまったので、影が薄い。フランクは圧倒的に、母と母方の親戚の影響を受けて育った。

フランクは一番若いジェームズ伯父を尊敬していた。そこで母は彼をジェームズの農場に送り、鍛えてもらうことにした。十一歳の少年にとって農場で働くことは辛いことであった。毎朝四時に起された。

「凍てつく明けがたにジェームズ伯父さんは台所から少年の部屋まで伸びているストーブの煙突をたたいて彼を起こすのだった。」（オルギヴァンナ・L・ライト『ライトの生涯』遠藤楽訳　彰国社　一九七七）

フランクはやがて建築家を志望するが、なかなか許されなかったので、家出してシカゴの建築事務所に入る。やがてルイ・H・サリヴァンに認められて本格的に建築家の道を歩みはじめる。

サリヴァンに認められる少し前であるが、ネル伯母とジェーン伯母がヒルサイド・ホーム・スクールを開いた。二人の伯母さんはまだ建築家の卵である甥に学校の校舎の設計をまかせた。また一八九六年には水道設備のための風車をつくってくれとライトに頼んだ。

彼は風車をのせた細長い塔とそれを支えるもう一つの塔を組合せた。そしてぴったりと抱きあっているような二つの塔を「ロミオとジュリエット」と名づけた。専門家たちはすぐに倒れるだろう、といったが、その塔はしっかり立ちつづけた。

パリ・コミューンと伯父さん

インダストリアル・デザイナーの代名詞のようなレイモンド・ローウィは、『口紅から機関車まで　インダストリアル・デザイナーの個人的記録』（藤山愛一郎訳　学風書院一九五三）という自伝を書いている。

彼は一八九三年、パリ生れである。第一次世界大戦に従軍し、戦後、兄たちが行っていたアメリカに渡り、それまで確立していなかったデザイナーという職業を大成功させる。

ここではまだパリにいる頃の少年時代のローウィに触れたい。そこに面白い伯父さんが登場する。シャルル伯父というが、おそらく母の兄だったと思われる。

この伯父さんは「ルウドウドウ」というフランスの駄菓子を少年におごってくれた。

パリっ子が大好きなおやつであった。この菓子を見ると、彼はシャルル伯父さんを思い出すのである。なぜおごってくれるか、わけがあった。

「伯父は勇敢な老人で、一八七一年のコムミュンに参加しパリの真ん中で闘った。そして自分の参加したその戦闘の模様を口真似入りで（大砲、ラッパその他ありとあらゆるものの）繰返し繰返し詳細に口演する癖はどうしても止められなかった。この試練はなかなか苦しいものだった。私はいつも、善良な甥たらんとする義務と伯父さんの話のどうにも我慢ならない退屈さとの間にわが身を引裂かれる思いだった。」

この問題に伯父と甥は一つの解決策を見出した。甥は伯父の話をつつしんで拝聴する。その代りに、その時間に応じて、ネバネバした人工ゼリーの塊り、つまり「ルウドウドウ」の箱を伯父は甥にプレゼントする。

「この制度は長年の間美事な作用を示し、私は最小限の苦痛をもってパリ・コムミュンの初期の頃のことを何もかも覚えてしまった。」

一石、いや一ルウドウドウで二鳥というわけである。

『あしながおじさん』

〈あしながおじさん〉は、親を失った子どもを援助するやさしいおじさんの代名詞となっている。あまりにも有名で、筋もだいたい知っているが、そのため、かえって、きちんと読んだことのない、といった名作の一つだ。

私も読んだことがなかった。レスリー・キャロンが主人公の少女を演じ、おじさん役がフレッド・アステアであったミュージカル映画『あしながおじさん』は観に行った。それで気がすんで、原作を開くにはいたらなかった。

今度、おじさんをさがしていて、読んでみた。今でも面白く読めた。

孤児院の少女が、匿名の〈あしながおじさん〉のおかげで大学に進学することができる。ジーン・ウェブスターの原作は一九一二年、ようやく女性の大学入学が一般的になってきた時代に書かれている。

主人公ジュディが見知らぬ〈おじさん〉に書く手紙で構成されている。大学では自分が孤児であることを隠している。しかし同級生が両親や親戚の話をすると、悲しくなる。

「皆はお父様とかお兄様とか叔父様や叔母様を持っています。けれども私には誰もそういう関係の人がないのでございます。私はおじ様を自分の身内のふりをするのが好きですが、ただそういう考えを楽しむだけのことで、もちろんおじ様が親類でも何でもないことはよく心得ています。」（『あしながおじさん』松本恵子訳　新潮文庫　一九五四）

同級生のジュリアの叔父さんが訪ねてくる。ジュディは自分も叔父さんがほしいと思う。

『あしながおじさん』は、家族がいないというのはどういうことか、家族とはなにか、について考えさせる。

叔父の妻たち

アーサー・ミラーの自伝には、おじさん・おばさんがいろいろ出てきて、どれをとりあげようか迷ってしまうのだが、母の末弟のハイミーをとりあげてみたい。

「母の末弟ハイミーは、知性や想像力はあまりなかったけれど、たいへんな美青年だった。母はきれいな女性や顔立ちのととのった男が好きで、ハイミーは親族の誰よりもお気に入りであった。」（『アーサー・ミラー自伝』倉橋健訳　早川書房　一九九六）

興味のあるのは、ハイミー叔父というより、その妻のステラの方である。

「ある日の午後、白いコートに黒い毛皮の襟をつけた、やせたブロンドの女とあらわれ、恋人のステラだといったが、母はすぐに難色を示した。母は自分の兄弟の妻全部が不満だった。」

だが面白いもので、叔父の妻たちは、はじめどうしようもないようであったが、一九二九年の大恐慌でアメリカがひっくり返りそうになった時、彼女たちは意外なほどしっかりしたところをみせ、母にとって「これらの女はみんな愛する身近な仲間や友人になった。」

ステラは孤児院で育ち、美人ではなかった。どうして美男子のハイミーがあんな女と一緒になったのか、と母はつぶやいた。ハイミーはハリウッドでギャング役で売出したジョージ・ラフトに似ていたという。

ところがハイミーは心臓麻痺であっけなく死んでしまった。ステラは彼を忘れず、再婚せず、マニキュア師として一人で生きていった。ずっと後になって、ミラーは理髪店で働いているステラと再会する。二人はちょっと話して、さりげなく別れていく。その時、彼は「劇作家として私の書くものが、母だけではなくステラにも影響されていることに気がついた」のであった。

東と西の結婚

晩年のバーナード・リーチに会いに行ったことがある。イギリスのコーンウォール半島のセント・アイヴズに彼の工房があった。手紙を出してあったが、返事はなかったので、会ってくれるかどうか不安であったが、ともかくセント・アイヴズが見たいと思った。

日本から来たというと、リーチはあたたかく迎えてくれた。

彼のことばに「東と西の結婚」というのがある。あらためて生涯をたどると、彼の親戚が世界中に散っていて、そのネットワークをたどって、東へ、西へと旅をしていたように見える。

世界周遊といえば、かっこよく聞えるが、しかし旅をしなければならなかったという辛い事情があった。

バーナード・リーチは一八八七年、香港に生れた。父アンドルー・リーチはオックスフォード大学を出た法律家であった。母エリナー・シャープが産後すぐに亡くなり、彼は、日本にいた母方の祖父母に引取られた。赤ん坊のリーチは、香港から日本へ送られたのである。祖父ハミルトン・シャープは京都や彦根の中学校で英語の先生をしていた。ところが四つになった時、父は母の又従姉と再婚し、リーチを香港に引取った。彼は、おばさんであるこの継母とうまくいかなかった。

十歳の時、香港にいたグランヴール・シャープ伯父（母の兄）に連れられてイギリスへ行き、カトリックの学校で学んだ。やがて、ロンドンのスレード美術学校に入った。しかし、父は彼を銀行員にするため、当時住んでいたボーンマスに引取った。

一九〇四年に父が亡くなると、継母を逃れて、マンチェスターの親戚の家に移った。ここには実母の妹イーディスがいた。この叔母にかわいがられたが、その娘ミュリエルが好きになってしまった。

近親であるとして結婚が認められず、リーチはマンチェスターを去り、やがて世界を遍歴し、日本にたどり着く。そしてセント・アイヴズにいたる長い旅についてはのべきれない。

フィレンツェの伯母さん

アルベルト・モラヴィアは父の姉であるアメーリア・ロッセッリを命の恩人だ、といっている。

『モラヴィア自伝』(大久保昭男訳　河出書房新社　一九九二)は、アラン・エルカンの質問に答える形で、モラヴィアが生涯をふりかえったものである。そこでアメーリア伯母をとても大事な人だ、と語っている。

「病気が四度目に再発して、しかも今度はひじょうに重いという時に、サナトリウムへ入れるように家族を説得してくれたのがこの伯母だった。病気は一九一七年に、軽症という形で始まった。その後、年を経るごとに悪化していった。一九二三年冬には、ほとんど死にかけたくらいだった。」

病気は心身症的なものだったという。モラヴィアによれば「性と階級の存在という重みに耐えられなかった」のだそうだ。彼は高熱にうなされながら、ドストエフスキーの

『白痴』を読んでいた。

その時、フィレンツェにいるアメーリア伯母がローマにやってきた。彼女は作家で、戯曲を書いていた。子ども向けの『トピニーノと店の少年トピニーノ』（一九〇九）などの本もあった。

彼女は十五歳のモラヴィアをサナトリウムに入れてくれて、彼は健康を回復したのである。

当時、イタリアにはファシズムの波が高まり、社会主義と激しく対立していた。モラヴィアの親戚も二分された。三人のおじはファシストになった。モラヴィアの母は社会主義にひかれていた。

アメーリア・ロッセッリは社会主義者だった。彼女の息子たちロッセッリ兄弟は、反ファシスト運動に参加したために暗殺された。政治的な対立に引裂かれていく親族を見つめながら、モラヴィアは作家になっていった。

ポーランドの夜

ヤン・コットの『シェイクスピアはわれらの同時代人』（蜂谷昭雄／喜志哲雄訳　白水社一九六八）は、若い時に私を演劇の面白さに目覚めさせてくれた本の一つである。シェイクスピアはこんなにも現代的なのだ、という発見は衝撃だった。

彼は一九一四年、ポーランドのワルシャワに生れた。ポーランドは第二次世界大戦の時に大きな打撃を受けた。ソ連とドイツによってそれぞれ占領され、蹂躙されたのである。

ヤン・コットの自伝『私の物語』（関口時正訳　みすず書房　一九九四）の「二つの占領」の章はその時代をあつかっている。家族もぎりぎりの状況に生きていて、互いに連絡もとれなくなったりする。そのような危機下の中で別れた一人の伯父さんについて書かれている。

一九三九年、ヤン・コットはリディア・シュタインハウスと結婚した。ドイツがポーランドに侵入した。占領されたワルシャワでＡＬ（人民軍）地下抵抗運動に参加した。ユダヤ人狩りがはじまっていた。

ヤンの母の兄ルドヴィク・ヴェルテンシュタインを一夜かくまったことがある。

「寝る場所がなくて、ソファで夜を明かした。それが彼を見た最後であった。」

ルドヴィク伯父は実験物理学者であった。かつてパリでキュリー夫人の助手をしていた。そしてナチスを逃れて転々としていた。

「一九四二年十一月クラクフへ移った。一九四三年にはジェンドヴィツェの領地にしばらく身を潜め、翌四四年、クラクフの物理学者仲間たちの尽力でハンガリーに亡命。ブダペストにいたところ、終戦直前の独軍によるエリザベト橋爆破の際、命を落とした。」ワルシャワでの一夜の後、伯父さんはついにもどってこなかった。

夢の中の少年時代

ル・クレジオの『はじまりの時』（村野美優訳　原書房　二〇〇五）の第一章は「夢の中の少年時代」と題されている。

ル・クレジオほど、小説を読む楽しさを感じさせてくれる作家はいないと思ったことがある。世界はこのように語ることができるのだ、と感じさせる。新刊が出るとすぐに読んだ。このごろはいつか読もうと思って買っておく。『はじまりの時』も積んだままになった一冊であるが、ふと手にとってみた。

第一章でカトリーヌ大叔母を見つけた。ル・クレジオ自身と思われるジャン少年と大叔母がこの章の主役である。ジャンは学校の帰りにカトリーヌ大叔母さんの古いアパルトマンを訪ねる。

自分の家のアパルトマンには、病気でこもっている父がいて、重苦しい気分だった。その息抜きのため、ジャンは大叔母のところに寄るのだった。大叔母は目が見えず、一人暮しだった。みんなは老女を慰めに行くジャンをお利口さんの孝行息子と見なしていた。

「カトリーヌ大叔母にしてみれば、それはどうでもいいことだった。ジャンは彼女の恋人、ただそれだけのことだったのだ。（中略）

時間が近づくと、カトリーヌ大叔母は、通りの音か、彼女にしか感じられないべつの兆しによってジャンが来るのが勘でわかった。」

ジャンが来ると、フレンチトーストとお茶が出され、大叔母は何十年前かの古い話をする。旧植民地の島々の日々。

「カトリーヌは、二人の血縁関係について触れることがめったになかった。おそらく盲目であることで年の差なんて忘れてしまい、ジャンが彼女の甥の息子だという、そんな地上での時の裂け目など、頭から消えてしまっていたせいだろう。」

大叔母とジャンは、あらゆる関係から自由になって、はじまりの時を旅してゆく。

こわいおばさんたち

短篇小説の名手ラドヤード・キプリングに「メアリ・ポストゲイト」（『キプリング短篇集』橋本槇矩訳　岩波文庫　一九九五）がある。主役は二人のおばさん、時代は二十世紀はじめ、第一次世界大戦にいたる頃である。

ミス・ファウラーは六十に近い御夫人で、リュウマチ性関節炎なので、付添い婦《コンパニオン》としてメアリ・ポストゲイトを雇った。メアリはすぐに有能なコンパニオンとなった。ミス・ファウラーの退屈な思い出話を丁寧に聞き、家計をしっかりまもり、あまり外出できない女主人の代りに近所づきあいもきちんとして、評判もよかった。「彼女は村の通りで遊ぶ多くの小さな子供たちにとって共通の「叔母」のような存在であった。」

独身のミス・ファウラーに変化が起る。両親を亡くして孤児となった甥のウィンダムを引取ることになったのである。その子の面倒をメアリがやってのけた。学校に連れてゆき、先生に手紙を書き、成績に一喜一憂した。

ウィンダムはメアリを子分のようにこきつかい、からかったり、いたずらをした。ミス・ファウラーは甥にきびしいおばさんであったが、メアリは二人の間の緩衝地帯となって、ウィンダムをのびのびと育てた。

ウィンダムは成長して、ロンドンで弁護士になるはずであったが、戦争がはじまり、入隊し、飛行隊に入るが、試験飛行の事故で死ぬ。

二人のおばさんは涙も見せずに、ウィンダムの遺品を整理する。そして最後はこわい話になるが、それは読んでもらってのお楽しみである。

おじさん？　いやおばさん？

田舎の少女ザジはパリのガブリエル伯父さんのところにやってくる。パリまではママが送ってきた。あさってまた迎えに来るまで、彼女は伯父さんとパリ見物をするのだ。地下鉄に乗るのが楽しみである。

と、まあ大人も子どもも楽しめるような物語の設定なのだが、その見かけはすぐにひっくりかえってしまい、口にするのがはばかられるような禁句や悪態がとびかうナンセンス喜劇となる。レーモン・クノーの『地下鉄のザジ』（生田耕作訳　中公文庫　一九七四）である。

ザジは「けつ食らえ」などと上品な大人を悩ませる悪口を連発しながら、パリを駆けめぐる。

ガブリエル伯父さんは「穴倉《ラ・カーヴ》」という酒場の二階に住んでいる。マルスリーヌというおしとやかな妻がいる。ところがしだいにくわしい状況がわかってくる。伯父さんは夜働いている。夜警の仕事といっているが、本当は踊り子であるという。女装してホモ・キャバレーの舞台に出ているのだ。『白鳥の湖』を踊る。伯父さんというのは伯母さんなのであった。

ザジは露骨に聞く。「伯父さんはホモなの？」

いや、仕事であって、伯父さんはホモではない。その証拠に奥さんがいるではないか、といわれる。それでもザジはしつこく聞くのである。

ともかく少女は伯母さんである伯父さんとともにパリをめぐってゆく。そしてあっという間に三日目になり、ママが迎えに来る。ガブリエル伯父は酔いつぶれ、奥さんのマルスリーヌがザジを駅まで連れていく。ザジは「さよなら小父さん」という。おしとやかなマルスリーヌ伯母さんも〈おじさん〉だったのだろうか。

とんでもない伯父さん

ラテン・アメリカの文学が〈魔術的リアリズム〉として紹介された。ガルシア・マルケスの『百年の孤独』(一九六七)が皮切りだったろうか。私もむさぼり読んだことがあった。レイナルド・アレナスの『めくるめく世界』(一九六六)も好きだった。

レイナルド・アレナスの自伝『夜になるまえに』(一九九三)には、キューバ出身で、革命や投獄など波乱に満ちた人生が語られている。

彼は大家族の中で育った。何十人ものおじやおばがいた。十一人の伯母がいて、その一人は霊媒であった。霊が憑いて倒れ、さまざまなことを口走った。

「ぼくが幼年期を過ごした田舎の世界は性的に結びついている世界というだけでなく、

絶えず暴力に脅かされた世界であった。」（『夜になるまえに　ある亡命者の回想』安藤哲行訳　国書刊行会　一九九七）

おじさん、おばさんはいっぱいいたわけだが、なかにはとんでもない人がいる。「そのいい例が伯父のリゴベルトだ。伯父の中でいちばん年上で、結婚しており、とても真面目だった。ぼくはときどき伯父のリゴベルトと町に出かけた。そのころぼくは八歳くらいだったので一つの鞍にいっしょに坐った。」

伯父さんは少年を鞍の前に乗せて出発する。まもなく、少年のお尻の下で、伯父さんのペニスが大きくなってくるのを感じた。

「一時間かそこらの旅だったが、馬が速足で進むあいだ、ぼくはまたがっているその大きなペニスの上でずっと跳ねつづけた。まるで一度に二頭の動物に運ばれているような旅だった。」

少年は馬と伯父さんのペニスにまたがって旅をしたのである。

あいまいなおじさん

R・サバチニ『スカラムーシュ』（大久保康雄訳　創元推理文庫　一九七一）はフランス革命を背景とした冒険剣劇小説で、美剣士と美女が結ばれるハッピーエンドである。ところが複雑な親族関係の葛藤としても読むことができる。しかもその時は、結末は悲劇なのである。

主人公はアンドレ・ルイ・モローという若者である。彼は孤児でブルターニュのガブリヤックという村で育つ。ここの領主カンタン・ド・ケルカデュウが、ある時、どこからか赤ん坊を連れてきて、教父(洗礼に立会う代父)となり、養育や教育の面倒を見た。弁護士の教育をパリで受けさせたのである。

村の人たちは、アンドレを領主の私生児であると理解している。アンドレは領主をおじさんと呼んでいる。

アンドレは領主カンタンの姪アリーヌとは幼なじみで、兄妹のようにつきあっていた。この二人が物語の主役である。

敵役として登場するのはラ・トール・ダジル侯爵である。傲慢な封建領主で、アンドレの親友を決闘で殺す。そして復讐を誓ったアンドレとの対立が話の中心となる。侯爵がアリーヌに求婚し、互いの敵意がますます高まっていく。

波乱万丈な途中のエピソードは割愛して、一挙にラストに向うと、カンタンは実はアンドレの父ではなく、カンタンの従妹プルガステル伯爵夫人が愛人との間にひそかに生んだのがアンドレであることがわかる。カンタンは従妹の秘密の子を自分の子のように引取っていたのである。したがってアンドレにとってカンタンは、母の従兄であり、

〈伯父さん〉だったわけである。

では父はだれか。なんと仇敵であるダジル侯爵が父であった。父と子が決闘する。傷ついた父は去る。ハッピーエンドではない。

治療師のおばさんたち

『ヘンリー・フォンダ　マイ・ライフ』（鈴木主税訳　文藝春秋　一九八二）はハワード・タイクマンによるインタビューをまとめたものだ。

ヘンリー・フォンダといえば『荒野の決闘』のワイアット・アープ役が浮んでくる。かつて西部劇ファンであった私は何度この映画を観たことだろう。この本を読みながら、映画をやたらと観ていた頃を思い出していた。

ヘンリー・フォンダは一九〇五年に生れた。父は印刷工場をやっていた。彼が俳優になるきっかけとなったのは、母の友だちのドロシー・ブランドに声を掛けられたからだった。芝居をやっていたドロシーがヘンリーに出ないかと誘ったのである。ドロシーの息子はまだ赤ん坊だった。この子が後のマーロン・ブランドである。

ところでこの本でまず気になるのは、フォンダ家がクリスチャン・サイエンスの信者だったことだ。

「誰かが病気になると、祖母かベス伯母さんかエセリン叔母さんが呼ばれる。彼女らがやってきて、病人に向かってメアリー・ベイカー・エディのお祈りを唱えると、病気はなおった。わたしたちは医者知らずだった。」

クリスチャン・サイエンス（キリスト教科学）というのはメアリー・ベイカー・エディが一八七九年にはじめたキリスト教の新派である。精神が絶対的であり、肉体は偽りのものである、したがって肉体の病いというのも精神によって癒すことができる、というヒーリングを重視した信仰であった。

フォンダ家の祖母や伯母たちはヒーラー（治療師）で、病気をお祈りで癒していたらしい。伯母さんたちにはそんな魔術的力があったわけだ。

ヘンリーの娘ジェーンが後に、フィットネスの教祖になるのも、そのこととつながっているかもしれない。

『怒りの葡萄』の伯父さん

ジョン・スタインベックの『怒りの葡萄』（大久保康雄訳　新潮文庫　一九六七）は、ジョン・フォード監督によって映画化された。主役はヘンリー・フォンダであった。ヘンリーはフォードとスタインベックの両方を尊敬していたので、どうしてもトム・ジョードを演りたくて、製作者ダリル・ザナックの七年間の専属契約という条件をしぶしぶ飲まなければならなかった。

砂嵐によってオクラホマの緑の畑が荒野となり、暮せなくなってカリフォルニアに流れこんでゆく農民たちの物語で、主役はトム・ジョードとその母ノアである。

前に読んだ時、あまり意識しなかったが、再読すると、カリフォルニアへの旅に加わるジョン伯父が気になった。いつかその意味をじっくりたどってみたくなる。「世界でいちばん一人ぼっちの男だよ」といわれている。

ふとしたことでジョン伯父は新婚の妻を死なしてしまった。妻がある夜、おなかが痛いといった。食あたりだろう、と医者を呼ばなかったら、次の日、死んでしまった。

「伯父は、女房が死んだのは自分の罪だと思いこんでいるんだ。おかしな人間さ。それからは、誰に向ってても、その償いをしているんだ――子供に、ものをやったり、誰かの家の玄関のところへ食い物の袋を置いてきたりしてね。」

ジョン伯父は一人ぼっちで、あまり人なかへ行かなかった。だが、子どもたちはこの伯父さんが好きだった。時々、夜になってそっと訪ねてくることがあった。子どもたちは、翌朝目が覚めると、伯父さんが来たことがわかった。枕元に一つ一つガムが置いてあったからである。

「おれたちは、伯父をイエス・キリスト様だと思っていたもんだ」

悪童とおじさん・おばさん

ルウドウィヒ・トオマ『悪童物語』（実吉捷郎訳　岩波文庫　一九三五）は、悪童が大人たちをきりきりまいさせる。大人の常識といったものについて考えさせる。もちろん、おじさん・おばさんも攻撃対象となり、悪童との激しいバトルがくりひろげられる。

「フランツ伯父さん」の章がある。退役少佐のフランツ伯父さんから母に手紙が来る。自分のところに下宿させて町の学校に入れ、一流の人間にしてやるというのだ。母は月八十マルクを払って、〈おれ〉を伯父さんに預ける。

「おれは決して遊んではいけなかつたし、それにそこにはまるつきり誰もゐないのだ。ゐるのはフランツ伯父さんにアンナ伯母さんだけだつた。二人は一日中ぐるぐる歩き廻つて、なんにも事件が起らないやうに気を配つてゐる。所で伯父さんはおれには実に厳格で、おれの顔を見るときまつてかう云つた。『今に見ろ、この腕白小僧め、そのうちきつと取つちめてやるぞ。』」

だが悪童の方も負けてはいない。大人の不条理な世界に抵抗をやめない。

算術の宿題がわからないので、算術は得意だという伯父さんに聞くことにする。こんなものもできないのか、と伯父さんはとりかかるが、なかなかできない。やっとできた答を写して学校に出すと、まちがっているという赤点がついた。帰って伯父さんにいうと、おまえが答を書き写しまちがったのだ、といいわけした。そして母に、もうおれの補習はしてやれない、答をちゃんと写せもしないから、と手紙を書いた。「さりとは下等な人間だ」と悪童は記している。

さらに伯母さんとの闘いもつづくが、決して屈することなく、おじ・おば戦争をくりひろげていく。

母の思い出

両親がどんな人であったかを、子どもたちは本人からよりも、まわりの人から聞く。両親が早く亡くなっていれば、ますますそうである。その思い出の伝え手として、特に重要なのは、おじさん・おばさんではないだろうか。

エリザベス・ギャスケルの短篇「異父兄弟」（『ギャスケル短篇集』松岡光治訳　岩波文庫二〇〇〇）を読みながらそんなことを考えた。ギャスケルは十九世紀半ば、英国では最初に成功した女流作家であるといわれる。ディッケンズは彼女をアラビアン・ナイトの語り手シエラザードにたとえたという。

「異父兄弟」で〈私〉に母の昔のことを語ってくれるのは、母の姉のファニー伯母さんである。母は一度結婚したが、夫が病死し、息子のグレゴリーを連れてファニー伯母さんの世話になった。

そんな母を近所の裕福な農夫ウィリアム・プレストンが気に入り、母は彼と再婚した。そして〈私〉が生れたのである。父は連れ子のグレゴリーをじゃけんにあつかった。そのことに悩みつつ母は病死した。死ぬ前にグレゴリーに生れたばかりの赤ん坊の〈私〉の手を握らせた。そしてすぐ息を引取った。

そして赤ん坊の世話をするため、ファニー伯母さんが父と結婚することになった。〈私〉は、伯母さんであり、義理の母となったこの人に育てられた。

グレゴリーは家族の居候のように見られ、みんなに馬鹿にされる。そして吹雪の中で〈私〉をかばい、自らは凍死する。

母が死ぬ時、グレゴリーに〈私〉の手をとらせ、弟を助けるようにといったことを、ファニー伯母さんは話してくれる。母の思い出は伯母によって〈私〉に伝えられる。その中でグレゴリーも生きつづける。

駄目な叔父さん

親戚には一人ぐらい駄目な叔父さんがいるものだ。ところが子どもたちには妙に人気があったりする。

ヒュー・ウォルポールの小説『ジェレミー――幼児の生ひ立』（西田琴訳　岩波書店一九三七）には、そんなサム叔父さんが出てくる。

ウォルポールは一八八四年、ニュージーランドの牧師の息子として生れた。一八八九年、父がニューヨークの神学校に転任し、彼は一人でイギリスのコーンウォールに送られ、そこで育った。ケンブリッジ大学を卒業して、作家となった。少年時代について書いたものが多い。

『ジェレミー』も主人公ジェレミーの子どもの頃を舞台としている。彼が八歳になった誕生日にみんなが贈物を持って集ってくる。

サム叔父さんは画家である。十九世紀半ばにはかなりあやしい職業であり、叔父さんは親戚の中の変人とされている。絵なんか描いて、おかしな、だらしないかっこうをして。だが子どもたちにはとても魅力があった。

叔父さんはすばらしい誕生祝いをくれた。教会や果樹園までがそっくりあるミニチュアの村の模型である。ジェレミーはことばもでないほど夢中になってそれを見ている。

見たこともないものを叔父さんは見せてくれる。

「赤い屋根と緑の窓と白いポーチのついた六軒の家と、塔と小さいベルのついた教会堂と、花の咲いてゐる果樹園と、緑の芝生と、肉屋や郵便局や八百屋の並んだ街のある真正《ほんと》の村が。村人のノア氏とノア夫人と子供達も居た。牛、馬、犬の居る野原も、数羽の鶏と二匹の豚さへ居る農園も。」

子どもたちを想像力の世界へ連れていってくれるのは、あの駄目なサム叔父さんなのであった。

道徳伯母さん

イングリッド・バーグマンがロベルト・ロッセリーニ監督のもとに走った時、アメリカは彼女の不道徳を厳しく非難し、ハリウッドにもどることを許さなかった。この事件は彼女を少女時代に育てていたエレン伯母さんを思わせる。彼女は修道尼のごとく道徳的であった。

イングリッド・バーグマンはスウェーデンのストックホルムで生れた。父ユスタス・バーグマンは写真館を経営していたが、画家になろうという夢を持っていた。母のフリーデル・アドラーはドイツ人であるが、夏にスウェーデンに遊びに来て、ユスタスに会い結ばれたのであった。

やがてイングリッドが生れたが、彼女が三歳の時、母が病死した。そのため、十三人兄弟姉妹の中でただ一人独身であったエレン伯母（父の姉）がやって来て、イングリッドを育てた。

「この伯母は実に厳格な独身女性で、最も無邪気な情熱にも罪の汚れをかぎつけ、無信心者の足もとに地獄の火を見るルーテル派の信者だった。『いまお前の背中に悪魔がとりついているよ』と、彼女はよく姪に言ったものだった。」（ローレンス・リーマー『イングリッド・バーグマン　時の過ぎゆくまま』大社淑子訳　朝日新聞社　一九八九）

イングリッドが九歳になった時、十八歳のグレタ・ダニエルソンが家庭教師に雇われた。父が淋しい娘に姉代りの家庭教師を望んだのである。二人は姉妹のように仲良くなった。しかし、父とグレタも愛し合うようになった。

エレン伯母さんはそのような仲は絶対に認めず、グレタを追出した。やがて父は癌にかかった。最後の時をグレタと過した。

後にイングリッド・バーグマンが女優になる道を開いたのは、このグレタであった。

金持の伯父からの脱出

キャサリン・ヘプバーンの母はたいへんな人であった。まさにこの母にしてこの娘ありである。

「キャサリン・ヘプバーンの母、キャサリン・マーサー・ホートンは、十三歳のときに両親を失い、二人の妹とともにこの世に残された。ホートン家は、富裕で社会的にも著名な一族であり、コーニング・ガラス工場を創設していた。娘たちは、一定の収入と、裕福な伯父エーモリー・ビギロー・ホートンの家と保護とを保証された。（中略）

三人姉妹は、キットと呼ばれたキャサリン・ホートンを首領とする固く結束した無法者集団であり、伯父の家に少なからぬ混沌《カオス》をもたらした。」（アン・エドワーズ『キャサリン・ヘプバーン』小田島雄志訳　文藝春秋　一九九〇）

キットは保守的な伯父を困惑させ、ショックを与えた。彼女は自分だけでなく、二人の妹、イーディスとメアリーも、当時、最も進歩的な女子大学であるブリン・マーに入学させてほしいと要求した。

「ブリン・マーで、栗色の乱れ髪を高い束髪にまきあげ、耳ざわりな鼻声を発して、キットは居間におけるサロンを支配し、そしてエーモリー伯父をたえず激昂させたことに、たっぷり与えられている定額の小遣いをはるかに上まわる金額を消費した。」

一八九八年にブリン・マーを卒業すると、伯父の反対を押切ってパリに行った。それからモンテ・カルロのカジノで大もうけして帰国した。キットは妹のイーディスが医学の勉強をしていたボルティモアのジョンズ・ホプキンズ大学を訪ね、そこで会った医学生トマス・ヘプバーンと結婚した。そしてキャサリン・ヘプバーンが生れた。長い目で見れば、いくらかは伯父さんのおかげであるかもしれない。

ベティ・デイヴィスに会わせて

ローレン・バコールの女優への夢を決定的にしたのは、あこがれのベティ・デイヴィスに会えたからであった。その機会をつくってくれたのはジャック叔父さんだった。「わたしはジャック叔父さんに、ベティ・デイヴィスに会わせてもらえたことを心から感謝し、このご恩は一生忘れません、と言った。おとぎの国の王女さまが美しい王子さまにいただいたダイヤモンドの王冠だって、このわたしたちの幸福には及ばないだろう。」（ローレン・バコール『私一人』山田宏一訳　文藝春秋　一九八四）

ローレン・バコールは一九二四年にニューヨークに生れた。その母は一歳の時、一家とともにルーマニアからアメリカにやってきた。ニューヨークで二人の弟が生れた。チャーリー叔父さんとジャック叔父さんである。

父のウィリアム・パースキーは医療品の販売をしていた。母と結婚し、ローレンが生れたが、夫婦仲がうまくいかず、娘が六歳の時に離婚した。それ以来、チャーリー叔父さんが父代りとなった。叔父さんは彼女がタバコを吸わないよう、厳しく見張っていた。

しかしこの叔父さんは弁護士になり、ラ・ガーディア市長の法律顧問補佐になった人で、タバコについてはうるさかったが、知的でユーモアがあった。「わたしの成長期にいちばん影響を与えた」とバコールは書いている。

ジャック叔父さんは、学校に行く費用を出してくれた。ハイスクールを卒業する年の春、あこがれのベティ・デイヴィスが女友だちのロビン・バイロンとニューヨークにやって来た。ロビンはたまたまジャック叔父さんの知合いだったので、叔父さんに頼んでもらい、十五歳のバコールはゴサム・ホテルで大スターに会えたのであった。

豪快なオズワルド叔父さん

ロアルド・ダールは、その中篇に〈オズワルド叔父さん〉を登場させたところ、あまりに人気があったので、ついに長篇『オズワルド叔父さん』（田村隆一訳　早川書房　一九八三）を書いてしまった。

「ぼくはここで、どうしても、もう一度オズワルド叔父のことを書かずにはいられない。むろん、鑑定家《めきき》、陽気なお人好し、蜘蛛と蠍とステッキの蒐集家、オペラ愛好家、中国磁器の権威、女たらし、それに、たえて偉大なる姦夫でなかったためしはないのだ。その叔父こそ、今は亡きあのオズワルド・ヘンドリクス・コーネリアス。」

カサノヴァもしっぽを巻いて逃げるほどの好色漢であるらしい。そしてカサノヴァのように長大な日記を書いていた、という設定になっている。一九三八年に書かれた日記の第二十巻をそのまま紹介するとしているのが『オズワルド叔父さん』なのである。四十三歳であったという。

オズワルドはとてつもない金もうけを思いつく。セクシーな女子学生ヤスミンと組んで世界の天才や国王の精液を採取して冷凍保存し、金持で好色の夫人たちに売りつけようというのである。

きわめていやらしく、わいせつな話をダールは鮮やかに処理してみせる。ルノワール、ピカソ、プルースト、アインシュタイン、フロイトなど実在の人物が出てきて抱腹絶倒のエピソードがつづく。ピカソなどいきなりヤスミンにとびかかり、コンドームをつけるひまもなく、精液採取に失敗してしまう。

ラブレーのガルガンチュア物語のように猥雑だが豪快である。それにしても、こんな破天荒な物語には、なぜか〈叔父さん〉が向いているように思える。

伯母さんの婚礼衣裳

ジェラアル・ド・ネルヴァルの『火の娘』（中村眞一郎訳　新潮文庫　一九五一）の中の「シルヴィ」は、フランスのイール・ド・フランス地方の中世的な雰囲気のうちに語られる恋物語だ。

主人公はロワジイの森の近くの伯父の家に滞在している。〈私〉はこの村の娘シルヴィと知合う。二人はシルヴィの伯母の家へ行く。伯母さんが食事を用意している間に二人は二階に上り、かつて美しかった伯母さんの写真などを見せてもらう。簞笥をあけると古びた衣裳がしまってあった。伯母さんの花嫁衣裳であった。シルヴィはそれを着てみる。花婿の衣裳もあったので、〈私〉もそれを着て、二人並んで階下に下りていった。

「伯母さんは振り返って叫び声を挙げた。『まあ、あんた方は！』そして彼女は涙ぐみ、やがてその涙の間から微笑んだ。——此れは彼女の青春の面影であった。その残酷ではあるが、懐かしい再現であった。私たちは優しい、殆んど悲しい位の気持になり、彼女の傍らに坐った。が、やがてまた私達は陽気になった。」

伯母は婚礼の時のことを思い出し、その時歌われた婚礼の歌を口ずさみ、二人も一緒に歌う。「私達は全く美しい夏の朝の花婿花嫁であった。」

二人はこの夏を恋人として過す。だが夏が終ると、〈私〉はパリに帰る。また夏がめぐってきて、〈私〉は森を訪ねる。しかしかつての恋は終っている。シルヴィには新しい恋人がいる。〈私〉は彼女との恋をとりもどそうとして、あの婚礼衣裳の話をする。伯母さんは亡くなった、とシルヴィは告げる。伯母さんの婚礼衣裳にお いて伯母さんの青春が一瞬輝やき、若い二人を包んでいた。

アラン・レネ『アメリカの伯父さん』

『アメリカの伯父さん』という映画にはアメリカの伯父さんは出てこない。そもそも〈アメリカの伯父〉というのは不在なのだ。なにしろ〈アメリカの伯父〉とは、アメリカに伯父さんがいる、いつか帰ってきて、みんなを幸せにしてくれる、という夢物語なのだから。モーパッサンの「ジュール叔父」もそのモチーフだった。

アメリカの伯父さんなんてもともといないのだ。でも、人はいつか帰ってくると待ちつづけるのである。

アラン・レネの『アメリカの伯父さん』（一九八〇）はだれもわからない映画であった。登場人物は、なにかを待っている。ちょうど不条理劇の『ゴドーを待ちながら』のようだ。ゴドーはアメリカの伯父さんであり、永遠にやって来ない。したがってこの映画も結末を待っている。だが、それは訪れず、映画は宙ぶらりんのままであり、結末は不在であるから、だれにもわからない。

この映画について書かれた批評を見るとおかしくなる。どれも〈アメリカの伯父さん〉みたいである。つまり意味不明なのだ。

映画の中でジャン（ロジェ・ピエール）が、恋人のジャニーヌ（ニコール・ガルシア）に島の話をする。そこには黄金が埋っていて、いつかアメリカの伯父さんが帰ってきて、その場所を教えてくれる、と話す。ジャニーヌは「子供ね」という。女性はあまり、アメリカの伯父さんを信じないのだろうか。

なぜアラン・レネはこの映画をつくったのだろう。もしかすると、アメリカの伯父さんは昔はいたのだが、今はいなくなってしまった、というのだろうか。私たちはアメリカの伯父さんがいなくなってしまった時代にいる。だから待っても来ないのだ。

ジャック・タチ『ぼくの伯父さん』

タチといえば映画『ぼくの伯父さん』（一九五八）があまりに有名だ。帽子をかぶり、パイプをくわえて、首を前に突出し、腰に手を当てて、ひょろりと背の高いユーモラスな姿はよく知られている。

ジャック・タチ自らが演じるそのキャラクターは一九五三年、『ぼくの伯父さんの休暇』で登場し、『ぼくの伯父さん』で大ヒットした。そして『プレイタイム』（一九六七）、『トラフィック』（一九七一）にも登場する。

もっともこのキャラクターはムッシュー・ユロというのが正式の名で、『ぼくの伯父さん』があまりに人気があったので、フランスでは『ムッシュー・ユロのヴァカンス』という映画が、日本では『ぼくの伯父さんの休暇』の題になってしまった。この映画ではユロ氏は別に伯父さんというわけではない。

『ぼくの伯父さん』では、ユロ氏と甥のジェラールが主役だ。ジェラールの父はプラスチック工場の社長アルペル氏で超モダンの住宅に住んでいる。母のアルペル夫人はユロ氏の妹である。ジェラールはすべて自動化された家にいるより、下町の伯父さんと遊ぶのが好きだ。アルペル夫妻はこの変り者のユロをなんとか結婚させようとする。

ジャック・タチは、超モダンの住宅と下町のユロのアパートをそれぞれ大がかりなセットで再現したという。

この映画で、ユロ氏に〈伯父さん〉というイメージを与えたことは大成功であった。わざとらしく誇張された笑いではなく、さりげなく、自然であたたかい笑いをつくりだすために、〈伯父さん〉はぴったりだったのである。

子どもが〈ぼくの伯父さん〉と呼びかけるジャック・タチのあたたかい親しさを、私たちはまた呼びもどせるだろうか。

昨日の伯母さん

シュテファン・ツヴァイクの『昨日の世界――ヨーロッパ人の回想』（原田義人訳 慶友社 一九五二）は世紀末について書く時の、私のバイブルであった。過ぎ去ったばかりのつい昨日の世界、ウィーンの世紀末について、ツヴァイクは、なつかしく、美しいが、またおかしな世界であったことを語っている。たとえば一九〇〇年のファッションを一九四〇年から見ると滑稽に思うのである。

「このような馬鹿げた夜会服《ローブ》を着た母や伯母や女友達をまだ知っているわれわれたち、自分たちも少年時代には同じように滑稽ななりをして歩いていたわれわれたちにとってさえ、一世代の全員が矛盾もなくこのような愚かしい衣裳に従うことができたということは、すさまじい限りだと思われる。」

昨日の世界とは伯母さんの世界だともいえる。伯母さんのオールド・ファッションを私たちは笑うのであるが、実は私たちはそこから出てきたのである。

ツヴァイクはおじやおばの昨日の世界が、おどろくほどの国際的な広がりを持っていたことを指摘している。母はブレッタウアー家の出であった。「もとは銀行業をやっていたブレッタウアー家は、——大きなユダヤ人の銀行家の手本に倣って、しかし勿論ずっと小さな規模においてであるが——スイス国境近くの小さな場所であるホーエネムスから、つとに世界に拡がっていった。そのひとつはザンクト・ガレンへ、ほかのはウィーンとパリへ、私の祖父はイタリーへ、伯父のひとりはニューヨークへ行った。（中略）

私は思い出すが、私のパリの伯母のもとで食事のときに、さも自明のことのように、ひとつの言葉から別の言葉へと移って、さまざまな国語が語られていたものだった。」

昨日の伯母さんたちを馬鹿にしてはいけない、現代よりずっと国際的であったかもしれない。

『山猫』の伯父と甥

バート・ランカスターとアラン・ドロンはルキノ・ヴィスコンティの映画『山猫』（一九六三）で伯父と甥を演じている。サリーナ公爵ドン・ファブリーツィオとその妹の子タンクレーディである。

トマージ・ディ・ランペドゥーサの『山猫』（小林惺訳　岩波文庫　二〇〇八）は、作者の死後の一九五八年に発表されて、一つの文学的事件となった。この原作により、ヴィスコンティはすばらしい映画をつくった。

物語は近代イタリアの統一（一八六二）の時代でのシチリアの名門貴族の没落を描いている。その中心軸となっているのが、古い去りゆく世代の伯父と次の世代の甥との関係なのである。

タンクレーディの両親は亡くなっている。伯父の公爵は後見人となった。そしてこの甥をひどくかわいがっている。

「彼はそこに一筋縄ではいかない、したたかな陽気さと、軽佻浮薄かと思うと突如、真面目さを迸《ほとばし》らせる、いかにも自由闊達な気質を見いだしたのであった。公爵自身はっきり自覚していなかったものの、あのお人好しのパオロでなく、本当の長子、つまり自分の後継者は彼だったらよかったのにと、心の底では思っていたかもしれない。」

公爵は自分の息子よりも甥が気に入っている。もっとも、父と子とはちがって、伯父と甥にはある気楽さ、遠慮のなさがある。タンクレーディは伯父さんが老いてなお、若い愛人のところへ通ったりするのをからかっている。息子にはそんなことはいえないだろう。伯父もまた、息子にはいいにくいことを、甥になら話すのである。公爵は甥の「からかいまじりの優しさ」に魅せられるのだ。

年とともに渋さを増していたランカスターと若々しいドロンはぴったりであった。

ジャッキーの叔母さん

ジャクリーン・ケネディ・オナシスはかなり複雑な少女時代を過した。彼女は一九二九年に生れた。世界恐慌がはじまった年である。しかも父のジャック・ブーヴィエは株式仲買人であるから、ウォール街の大暴落に直接被害を受けたろう。もっとも彼は株よりも女性を追いかける方が得意のプレイボーイで、〝ブラック・プリンス〟のあだ名があった。浅黒くて、ラテン系に見える伊達男だったのである。

美男のジャックには、弟のウィリアム、妹のイーディス、そしてその下に双子の妹モードとミシェルがいた。この中でバドと呼ばれていたウィリアムが問題児であった。彼は第一次世界大戦で戦い、復員してからアル中になった。結婚したがうまくいかず、離婚したことも一因であった。

ジャックはジャネット・ノートン・リーと結婚し、ジャクリーン（ジャッキー）が生れた。結婚してもジャックの浮気はおさまらなかった。しかし娘はかわいがった。両親の仲はぎくしゃくし、やがて離婚する。

そのような不安定な両親の間でジャクリーンが慰めを得たのは父の妹のイーディス叔母であった。彼女は弁護士のフェラン・ビールと結婚した。しかし歌手になりたいという夢を持ち、そのためにずいぶん金をつかったが、挫折した。そして夫とも別れてしまい、自宅を文学サロンとして若い芸術家を集めていた。
「そんな彼女自身はヒッピー以前のボヘミアンという形容がぴったりで、柔らかい無定形な帽子にシルクのスカーフ、丈の長いゆるやかなガウンをまとった姿は、一見イサドラ・ダンカンを思わせた。」（C・デビッド・ハイマン『ジャッキーという名の女』広瀬順弘訳　読売新聞社　一九九〇）
ジャッキーはこの叔母さんに自分と共通するものを感じていたらしい。

ペレの叔父さん

伝説的なサッカー選手ペレ（本名エドソン・アランテス・ド・ナシメント）の自伝は次のようにはじまる。
「わたしは幸せな人間だと思います。現在のわたしがあるのも、実に多くの方々に支えられてきたからであり、フットボールというスポーツに出会えたからです。」（『ペレ自伝』伊達淳訳　白水社　二〇〇八）
ペレは一九四〇年にブラジルに生れた。父はサッカーの選手だったが、サッカーも今ほど世界的な人気スポーツではなく、収入も少なかった。しかも父はやがて膝を悪くして試合にあまり出られなくなった。叔父さんや叔母さんが生活を助けてくれた。

「ジョルジェ叔父さんはカーサ・ルジタナで十九年間、配達係として働いていました。叔父さんの長所でもあるのですが、仕事に対する献身的な態度が認められて昇進も果たすなど、わたしたちがどうにか食べていけたのは叔父さんの給料があったおかげです。

（中略）

当時わたしもできることはやらないといけません。何といっても長男です。七歳の時だったと思いますが、家計に貢献したいと思い、ジョルジェ叔父さんにもちょっと手伝ってもらってお金をかき集め、靴磨きセットを買いました。」

サッカーは父から習った。しかし、その他の面ではジョルジェ叔父さんに世話になったようである。

やがてサントスFCに入ったペレはこのチームの優勝に貢献し、ヒーローとなった。ペレにとって家族がすべての中心である。

「両親だけでなく、叔父、弟妹、わたしの人生に関わってくれたすべての人が大切なのです。」

家族という時、叔父さんが入っていることが、ペレの叔父さんへの想いを伝えている。

母方の親類

詩人ジェイムズ・カーカップは一九五九年から東北大学などで教えているので、日本にもなじみが深い。『ひとりっ子　ジェイムズ・カーカップ自叙伝 1』（武本明子訳　匠出版　一九八六）では六歳までの幼年時代をふりかえっている。その中に「母方の親類」「父方の親類」の章があるが、ここでは母方をとりあげてみたい。

母方の親類の中心は祖母である。伯父さんもいっぱいいる。

「独身のボッブ伯父は、戦争中、ソームでガス弾を浴びたとかで、角ばった、人のよさそうな顔には、いまも火傷《やけど》のあとが残っていた。」

小さな〈わたし〉は、この伯父さんの髭そりを見るのが驚異である。

「伯父が、ズボンつりをぶらつかせ、タオルを真後ろにたらし、こわい赤ら顔に剃刀《かみそり》をあてはじめると、何をおいても飛んで行き、すぐそばに陣取って、その奇態な髭そりをとくと見物に及んだことであった。」

なぜ伯父さんの髭そりがそんなに不思議に思えるかというと、「わたしにとって唯一の全《まっと》うな流儀とは、父母の流儀だったからである。」

ひとりっ子である彼は、いつもは、親子三人で暮しているから、すべてにおいて父母のやり方が絶対的なものと思っている。しかしよそに行って、ちがったやり方を見ると、なにかおかしい、まちがっているのではないか、と考えてしまうのである。

親類のおじさん・おばさんというのは、特にひとりっ子にとって、この世界には父母のやり方が唯一ではないことを知るきっかけになっているのだ。ひとりっ子というのは、そのようなちがいに特に敏感なのかもしれない。彼にとって、ちょっとしたことが驚異なのだ。

叔母に育てられて

セシル・デイ・ルイスは『埋もれた時代　若き詩人の自画像』(土屋哲訳　南雲堂　一九六二)で次のようにいっている。

「さて子供というものは最初「父」と「母」という相対立する二つの側からの投影を自己にみることによって、自分の位置を確かめ自分の素姓というものを実感しはじめる。もしこれらの鏡の一つが欠けた場合、子供は困惑に苦しみ、「自分は一体何者だろう」という、つのりゆく強迫観念に苦しむだろう。」

なるほど、父と母という合せ鏡によって子どもは自分を確かめていくのだが、一つが欠けるとバランスが崩れてしまうのだ。

ルイスは四つの時に母を亡くした。その後、母の妹のアグニス叔母さんが育ててくれた。しかし十二年後に父が再婚したので、叔母さんは手を引いた。そしてルイスと父との仲も決定的に悪化してしまう。

「母の死んだ直後ダブリンからやってきて私の面倒をみてくれるようになった母の妹アグニス・オリーブ・スクワィアズが、何年も母のいないギャップを埋めてくれた。父が十二年余りたって再婚するまで叔母は、他の女性の到底及びもつかない愛情をもって献身的に母の役割を果してくれた。」

ルイスはジェイムズ・カーカップと同じく、ひとりっ子である。それだけに片親が欠けるとバランスが崩れやすかったのかもしれない。

それでもこの空白を叔母さんができるだけ埋めてくれて、父との間の緩衝地帯になってくれていた。

父が再婚し、叔母が去った。ルイスは二人目の母と別れたのである。継母とはうまくいかなかった。しかしそれは彼が世の中に巣立っていかなければならない時であった。叔母さんが母の代りをしてくれたから、むしろそれは遅れていたのかもしれない。

あまりにも偉大なる親戚たちの中で

ハックスリーの家系には綺羅星のごとく大学者、文化人が並んでいる。親戚中、偉い人ばかりだ。そこに生れるとどんなものだろう。ジュリアン・ハックスリーは自伝の「まえがき」で語っている。
「生まれながらにして私は、先天的にも後天的にも、大きな恩恵を与えられていた。と同時に、しかし、不利な条件も決してなかったわけではない。遺伝的に私の受けついだものは、なるほど、祖父ハックスリーの学問上の真理に寄せる確固たる決意とひたむきの献身とではあった。だが、それにも劣らず、母かたの祖父のあぶなげに揺れ動くあの気まぐれな資質をも、私は稟《う》けていたのである。」（『ジュリアン・ハックスリー自伝』1　太田芳三郎訳　みすず書房　一九七三）
祖父トマス・ヘンリー・ハックスリーはダーウィンを擁護した大生物学者であった。母方のアーノルド家には文学者マシュー・アーノルドがいた。科学と文学のエリートの血がジュリアンに流れこんでいる。それに自分の特定の性癖がぶつかり、三つどもえで葛藤し、ノイローゼになった、と彼は書いている。偉い親族を持つのもなかなか辛いところがある。
ジュリアンが少年時代に親しんだのは、母の姉のメアリ伯母さんであった。彼女は「ロンドン・タイムズ誌」の美術評論家となったハンフリー・ウォードと結婚した。彼女は小説を書き、文学サロンの花形であった。やがて貧しい子どものためのセトルメントを設立し、社会福祉運動に従事した。

メアリ伯母は「ストックス邸」というすばらしいカントリー・ハウスを持っていて、ジュリアンは夏休みとクリスマスの休暇を過すのが楽しみだった。ここでようやく、偉い親族の重圧から解放されるのであった。

モーム『人間の絆』

〈おじさん・おばさん〉について語ることは、人間の絆について語ることだ。というわけでサマセット・モームの『人間の絆』（中野好夫訳　新潮文庫　一九五九）も、やはり伯父・伯母からはじまる。

主人公フィリップの母が亡くなる。彼はウィリアム伯父に引取られる。ウィリアムは牧師としてつつましく暮してきた。義妹の子の親代りになることには不安を感じていた。「もう五十をだいぶ越していたし、結婚生活すでに三十年になる妻には子供がなかった。おそらく騒々しくて、乱暴な、男の子が一人、急にとびこんでくることを考えると、予想は決して有難いものではなかった。それに彼は、義妹に対して決して好感を持っていなかった。」

伯父の牧師館での、禁欲的で、ひっそりした、男の子にはきわめて居心地の悪い生活がはじまる。ルイザ伯母さんも悪い人ではないが、子どもをどうしていいかわからないのだ。

いかにつつましいかというと、新聞は近所三軒で回し読みしている。朝の十時から一時まではウィリアム伯父が読む。その後、となりの家で七時まで読まれ、それから三軒目へ回される。

お祈りをさせられたり、あまりに細かいことをいわれたりして、フィリップはついに伯母さんにひどいことをいってしまう。伯母さんは泣きだしてしまう。少年は後悔する。根はやさしいところがあるのだ。彼は伯母さんにキスをする。この家に来てはじめてのキスであった。少しだけ二人の距離が縮まったようであった。

それですべてが解決したわけではなく、それからもぎくしゃくはつづくのだが、人間の絆とはそんなものであり、切れそうで、切れずになんとかつづいていくのである。

伯母さんは探偵

アガサ・クリスティはエルキュール・ポアロという名探偵を生み出しただけでなく、ミス・マープルという伯母さん探偵を創造した。ちょっと穿鑿《せんさく》好きで、人間のあらゆる細部に鋭い観察眼を持っていて、想像力たくましい。伯母さんは探偵にぴったりである。

ミス・マープルは『ミス・マープル最初の事件――牧師館の殺人』（厚木淳訳　創元推

理文庫　一九七六）で初登場する。一九三〇年である。

ポワロは男で、プロであり、ミス・マープルは女性でアマチュアという対比が面白い。両方とも独身であるが、ミス・マープルの傍にはレイモンドという甥が控えていて、彼女はジェーン伯母さんであることが特徴である。

レイモンドは作家で、わけのわからないものを書いている。

「わたしは、いつ、いかなる時でもレイモンド・ウェスト氏に対して、絶大な敬意を抱いているとはいえない。彼がすぐれた作家と見なされ、詩人として一家をなしていることは知っている。彼の詩には大文字が使われていないが、それは近代性の真髄であるらしい。彼の作品は、不愉快な人物たちが、とびきり退屈な人生を送っていることを書いたものだ。

彼は〈ジェーン伯母さん〉に対して寛大な愛情を抱いており、伯母の面前で彼女のことを〈生き残り〉と呼んでいる。彼女は甥の話にいろいろと興味を示して聞き入っている。時として彼女の目に皮肉っぽいひらめきが走るが、彼がそれに気づかないのは確かである。」

甥のレイモンドの今の時と、ミス・マープルの昨日の時が絶妙に絡み合って、事件の真相が浮び上ってくる。新しい時に刺激されながら、過去の歴史が甦ってくるのだ。この事件はいつはじまっているのか、どのように展開しているのか。伯母さんは推理する。

伯父さんも探偵

クリスティがミス・マープルを登場させた一九三〇年に、M・D・ポーストは亡くなった。彼は伯父さん探偵アブナーを登場させた。

ポーストはクリスティより一世代前の、コナン・ドイルなどに刺激されてあらわれた〈シャーロック・ホームズのライヴァルたち〉の世代の推理作家である。

ポーストは一八六九年、アメリカのウェスト・ヴァージニアに生れた。法律家になったが小説を書くようになり、一九一一年からはじまるアブナーのシリーズで好評を得た。十九世紀半ばのアメリカ西部を舞台として、アブナー伯父が活躍する。甥の目を通して語られるスタイルをとっている。

「ここでアブナー伯父についてひと言いっておくべきであろう。彼は、宗教改革の産物である厳格な篤信家の一人である。いつもポケットに聖書を入れていて、気が向いたらどこででも読む。ある時、ロイの旅籠屋《はたごや》の暖炉の前で彼が聖書を取り出すと、まわりの連中が彼をからかおうとした。しかし、二度と試みる者はいなかった。喧嘩が終わると、アブナーはこわれた椅子やテーブルの弁償として、ロイに十八ドル払った——居酒屋にいた連中で、馬に乗って帰れるのは、アブナーだけであった。彼は、戦う教会の一員で、

彼の神は軍神である。」(M・D・ポースト「天の使い」『アブナー伯父の事件簿』菊池光訳 創元推理文庫 一九七八)

頭だけでなく、腕力もすごい伯父さんであるようだ。〈天の使い〉というのは真理を伝えにくる神の使者のことで、私たちは、しばしばそれに気がつかない。だがアブナー伯父にはそれが見えるのだ。もしかしたら、伯父さんは天の使いなのかもしれない。

伯母さんは被害者?

リチャード・ハル『伯母殺人事件』(大久保康雄訳 創元推理文庫 一九六〇)では伯母さんは甥に殺されることになっている。犯人の側から語られる、という倒叙推理小説の形式だからなっている、というのは、犯人はわかっているが、どうやって殺人にいたるか、という筋道が読者の関心となる。アイルズの『殺意』、クロフツの『クロイドン発12時30分』とともに、三大倒叙推理小説の一つだそうである。

なぜ伯母を殺さなければならないのか。甥のエドワードの両親は早く亡くなった。そして祖母の遺言書によって、伯母が後見人、財産管理人に指定された。

「伯母が生きているかぎり、すべては彼女のもので、そのうちから彼女は、自分で一定の金額をきめて、ぼくに給与金をあたえることになっていた。それも、ぼくが彼女といっしょに住むか、もしくは彼女の承認する場所に居住していることが条件とされていた。」

その結果、エドワードは伯母の家に縛りつけられ、「独裁的で圧迫的な伯母」に支配されなければならなかった。これでは伯母を殺すしかない、というわけで、あれこれ陰謀をめぐらすのである。

自動車事故を企んだり、火事を計画したりするがことごとく失敗する。だが、今度はいよいよ成功するはずの毒殺の準備が整う。

「お茶の時間までには、万事が終わっているだろう。たぶん、ぼくは、自分自身のお茶を、みずから入れなければならないことになるだろう。」

しかし、伯母もやすやすと殺されたりしないで反撃に出る。さて、伯母と甥のだましあいの結末はどうなるだろうか。推理小説だから種明かしはしないが、伯母さんはしたたかであり、伯母さんはこわい。

おばさんは犯人？

パット・マガー『七人のおば』（大村美根子訳　創元推理文庫　一九八六）では一挙に七人のおばさんが登場する。しかもこの中に殺人犯人がいるというのだ。

サリーはニューヨークの出身だが、結婚してイギリスに住んでいる。ニューヨークの友人から手紙がきて、彼女のおばさんが夫を殺して自殺した、と伝えてくる。おばさんは七人いて、どのおばさんかわからない。夫のピーターは、彼女がニューヨークでおばたちと暮した時の話をしてくれれば、どのおばさんが犯人か当ててあげるという。かくてサリーはどんなおばさんたちであったかを語る。

ピーターは、サリーに子どもができたという知らせをおばさんたちがどう受取るかを想像する。

「クララおばさんは知らせを聞いたとたん、ぼくらに赤ん坊を持たせるのは彼女一人のアイディアで、いっさいのお膳立を整えたのは彼女自身であるかのごとき印象を、まんまと他人の頭に植えつける。テッシーおばさんはこうしたなりゆきのすべてに断乎反対する。ドリスおばさんはたいへんけっこうな出来事だと考えるし、アグネスおばさんは……」

七人のおばさんとの思い出をサリーが語っていく。その人生模様はさまざまで、それそれに面白い。そこをゆっくり読んでいたいのだが、その余裕もないので、はしょることにするが、ともかくピーターはその話を聞いて推理し、どのおばさんが犯人だったかを見事に当てるのである。小説の最後に、サリーがいうセリフがしゃれている。

「アメリカの家族に起こったことはどうにか耐えられるわ。イギリスにとてもすてきな家族があるんですものね。」

それにしても、おばさんが多いとややこしい。

やさしい伯父さん

推理小説シリーズをもう一つ。パトリシア・モイーズ『死とやさしい伯父』（隅田たけ子訳　早川書房　一九七二）を。ちょっとそそられる題であるが、直訳ではない。原題は〈デス・アンド・ダッチ・アンクル〉（死とオランダのおじさん）である。ダッチ・アンクルにはずけずけときびしくいう人という意味があるらしい。きびしい伯父さんがどうして、やさしい伯父さんになってしまったのだろうか。

ロンドンのあやしげなパブ「ピンク・パロット」で競馬のノミ屋などをやっている小悪党が射殺される。賭金のトラブルかなにかのつまらない事件だ。パブの主人はウェザビー少佐で、姪のマデリンというセクシーな美女がパブの階上に泊っている。

殺された男は、高級なドミニク・ホテルの調理場で働いていた。ホテルの支配人はナイティンゲイルという名である。マデリンは彼とも親しい。やがて彼女がジョージ伯父さんといっているウェザビー少佐は実の伯父さんではないことがわかる。

「家族皆の友人なんです。どのうちにだって、きっと同じような尊敬の意味で呼ばれる伯父さんや伯母さんがいるはずですわ」

実の伯父さんのように親しくしている人ということで、このジョージ伯父さんが〈やさしい伯父さん〉なのだろうか。

ところが本物の伯父さんがあらわれる。ヴィレム伯父さんといわれるオランダの伯父さんである。あの、やさしく愛想のいいホテルの支配人ナイティンゲイルこそ、実はおっかないダッチ・アンクルであり、事件の黒幕なのだ。本物の伯父さんと偽の伯父さん、こわい伯父さんとやさしい伯父さんが、表と裏のようにくるくるとひっくり返る。

皇妃エリザベトの伯母

ハプスブルク家の近親結婚の迷路は、おじ・おばのうごめく巨大な闇におおわれている。美しき皇妃エリザベトもその闇をさまよい、そこを逃れようとして踏み迷い、沈んでいった。

彼女は一八三七年にミュンヘンで生れ、一八五四年、ウィーンのアウグスティナ教会で皇帝フランツ・ヨゼフと結婚した。エリザベトはバイエルン公マキシミリアンとルドヴィカの娘である。フランツ・ヨゼフは、皇帝フェルディナント一世の弟であるフランツ・カールとゾフィーの息子である。そしてゾフィーとルドヴィカはバイエルン王マキシミリアン一世の娘なのだ。

つまり、ゾフィー大公妃はエリザベトの母の姉である伯母さんである。ゾフィーの息子と結婚したのだから、義母（姑）になった。伯母でもあり、義母でもあるという二重の存在となったゾフィーは重くエリザベトにのしかかった。

ゾフィーは、あの鉄血宰相ビスマルクが、政治を握っているのは大公妃だ、といったほどの女傑であり、息子の皇帝を牛耳った。そして息子の嫁に厳しく当った。一八七二年に没するまで、エリザベトを悩ましつづけたといわれる。

もともと、ゾフィーは、エリザベトを息子の嫁の候補としては眼中になかった。もっと格上の、ヨーロッパの大国の王女との結婚を望んでいたのである。

一方、ルドヴィカも野心的な女性で、自分が低い家柄のマキシミリアン公と結婚したのに、姉が息子を皇帝にするほどの地位にあることをうらやみ、娘を皇妃にすることに成功したのであった。伯母と母の野心に操られながら、エリザベトはさまよい、一八九八年、ジュネーヴで暗殺された。

もし伯父さんが…

もし伯父さんが国王を退位しなかったら、エリザベス二世が英国女王になることはなかったろう。もしならなかったら、ダイアナも皇太子妃になることはなく、あの悲劇的な死もなかったかもしれない。

すべては伯父さんが国王をやめたことからはじまった。

エリザベスは一九二六年、プリンス・アルバート（ヨーク公）とエリザベス夫人の間に生れた。プリンス・アルバートはプリンス・オブ・ウェールズ（皇太子）であるエドワードの弟である。誕生したプリンセスは母の名をもらった。彼女がいつか女王になるとはだれも予想していなかった。国王ジョージ五世の後は、皇太子エドワードが継ぐはずであった。

エドワード皇太子は、一九二〇年代のジャズ・エイジのプリンスでもあった。スマートなファッションをしたり、一晩中踊ったりして大衆の人気を集めた。エリザベスもこの伯父さんが大好きであった。

皇太子は多くの女性とデートをした。側近はなんとかそのスキャンダルをもみ消してきた。しかし一九三一年に皇太子はアメリカから来たシンプソン夫人とつきあいだした。二人の仲は目立つようになり、スキャンダルとなった。弟たちはすべて結婚したのに、皇太子は独身であった。

一九三六年一月、ジョージ五世が逝去した。皇太子がエドワード八世として即位した。シンプソン夫人との関係をなんとかしなければならなかった。その年の十二月、エドワードは王位をあきらめた。

ヨーク公がジョージ六世として即位した。男子がいなかったから、エリザベスが一挙に次の王位の継承者となった。もし伯父さんがやめなかったら……。

スタニスラフスキーの伯母さん

スタニスラフスキーは『芸術におけるわが生涯』（蔵原惟人／江川卓訳　岩波文庫　二〇〇八）によると、小さい時からひどく強情だったという。その強情さが彼の演劇人生に関係しているとまでいっている。

幼い頃の強情さの例としてあげているのは、ヴェーラ伯母さんに関する話だ。なにかのことで父に叱られた彼は、なにか言い返そうとする。

「どうしてあんな言葉が口から出たのか自分ながらわからない。

『ヴェーラ伯母さんのとこへお父さんを行かせないぞ……』

『ばかな！』と父は言った。『どうやってお父さんを行かせないようにできるんだ？』」

ますますあせってしまった彼は、「ヴェーラ伯母さんのとこへお父さんを行かせないぞ！」とくりかえし、いくら怒られてもやめようとしなかった。自分でもなんとかしたいのだが止まらなくなってしまった。

ついに父は怒ってしまい、「おまえは——おれの子じゃない」といって出ていってしまう。急にわれに返った子どもは「お父さん、ごめんなさい、もうしません！」というが、父には聞えなかった。

それでもしばらくすると、父と子は仲直りするが、この時の記憶が強く残って、次のように書いている。

「私の天性の強情は、舞台芸術家としての私の生涯に、ある程度まで、よくも悪くも作用してきた。」

もしかしたら、スタニスラフスキー・システムという俳優修業の方法は、この強情さと関係があるのだろうか。

それにしてもなぜヴェーラ伯母さんなのだろうか。「伯母さんのとこ」はなにか特別なものだったのだろうか。

人類学者のおばさん

人類学者は、家族とか親族に特別関心が深いのではないか、と思って、『女として人類学者として――マーガレット・ミード自伝』（和智綏子訳　平凡社　一九七五）を読んでみた。

ミードは三回結婚し、三回離婚した。家庭人としても波乱万丈の人生を送った人である。人間一般の研究と、私的な人間関係の観察とが一つになっている。彼女にとって学問は超越的なものではなく、〈私〉に根ざしたものなのである。まさに、女として人類学者として、なのだ。

ミードは一九〇一年、フィラデルフィアに生れた。父は経済学の教授であった。しかし学者としてはあまり成功せず、母はそのことに不満であった。この母も知的な人で非常に頑固であった。ユーモアを解さない、とミードはいっている。一家の中心であったのは父の母であった。ミードはこの「おばあちゃん」から大きな影響を受けた。そして母は強烈な意志で家族を支配した。ミードの自伝では、祖母と母、二人の妹についてくわしいが、それ以外の親戚、おじ・おばについて意外なほど触れていない。母は子どもたちにできるだけ一人一人独立して生きるようにしつけていたのではないかと想像したくなる。

唯一の例外は母のすぐ下の妹、ファニーおばさんである。「九十五歳になる今でも、陽気で、世の中の出来事に大層興味を持っている彼女をみていると、私たち姪や、その子供や孫たちは、この上ない喜びを感じる。しかし、彼女自身は、姉のエミリー、つまり、私の母が彼女と最後の年月を一緒に過してくれないのをいまだに嘆き悲しんでいる。」

おばさんは親戚ともっと親しくしたいと願うが、必ずしもその願いが叶えられるわけではない。

サキの伯母さんたち

サキの短篇は読むとくせになる。これぞイギリス流という機知とユーモアにあふれている。そしてサキの短篇は伯母さんだらけだ。よく出てくるのは、クローヴィスという皮肉屋の甥と伯母さんとのコンビである。息子と母親ではこの面白さは無理である。甥と伯母という絶妙の間合いがいいのだ。遠慮のないなれなれしさ、クールなところは親子では不可能である。

「クローヴィスの弁舌」という一篇がある。

「『さあ大変！』とクローヴィスの伯母が大きな声を出した。『知り合いがひとり押しかけてきたわ。（中略）こんな狭い海水浴場って、それが困るのね、誰にでも取っつかまって逃げられやしない』」（『ザ・ベスト・オブ・サキ』1　中西秀男訳　ちくま文庫　一九八八）

クローヴィスは伯母さんのためにその招かれざる客を撃退することになる。

「クローヴィスの伯母はパッとそのすすめに従って、ナイル河の汽船みたいにモゾモゾその場を引きあげた。すぐそのあとをペキニーズが長細い身体に茶色のさざ波を打たせてついて行く。

『あったことなんて一度もない振りをするんですよ』と、伯母は指図すると姿を消した。とかく非戦闘員にはそんな無鉄砲な勇気がある。いささかその気配があった。」

伯母さんは非戦闘員らしい。だから平気で無茶なことを言うのである。

やがて男があらわれ、以前に伯母さまのお宅でランチをいただいたことがある、という。するとクローヴィスは伯母は絶対ランチは食べない、全英反ランチ同盟の会員である、といった話でケムに巻いて、男を追い返す。伯母と甥の絶妙のコンビである。

遠い親戚の家で

『指輪物語』（一九五四―一九五五）の作者は、両親を早く亡くして、弟と二人、親戚や知合いの家で育った。

ジョン・ロナルド・ロウエル・トールキンは一八九二年、南アフリカのブルームフォンテンで生れた。父アーサーがアフリカ銀行に勤めていたのである。母メーベル・サフィールドはバーミンガムから南アフリカに嫁入りしてきた。一八九四年にジョンの弟ヒラリーが生れた。一八九五年、ジョンがアフリカの気候で身体を悪くしたので、母は二人を連れて英国にもどった。父アーサーはアフリカに残ったが、まもなく死去した。

バーミンガムで二人の子を抱えてメーベルは、親戚の援助を得ながら生活した。そしてカトリックに改宗した。そのことは親戚の非難を受けた。イギリスでは国教が中心で、カトリックは少数であった。

一九〇四年、メーベルは糖尿病で亡くなった。ジョンとヒラリーの兄弟は遠い親戚のベアトリスおばさんに預けられた。近い親戚のおじやおばがいたのだが、彼らに預けると、カトリックから引離される危険があった。

二人の兄弟の後見人となっていたのは、メーベルの信頼していたフランシス・モーガン司祭であった。彼が、近くの親戚ではなく、遠い親戚(母の弟の妻)であるベアトリスおばさんに預けることを決めた。彼女が兄弟の宗教について無関心な人だったからである。

しかし、このおばさんは、兄弟の気持についても無関心であった。二人の母の形見の書類や手紙もじゃまだからと燃してしまった。母の思い出は灰にされたのである。フランシス司祭は兄弟がベアトリスおばさんの家では幸せではないことを聞き、教会と親しいフォークナー夫人の家に下宿させてくれた。ジョン（J・R・R・トールキン）の『指輪物語』には少年時代の長く辛い旅が秘められている。

「ルネおばさん」

ルネおばさんは、いわゆる〈おばさん〉ではなく酒場のおかみである。それでもやっぱり〈おばさん〉なのだ。

ハインリヒ・ベルの「ルネおばさん」という短篇に触れておきたい。ルネおばさんは軍隊が駐屯している村で、酒場を開いている。うまい酒を出すので、若い兵士である〈私〉はまだ店の開いていない朝の十時か十一時頃に行って飲ませてもらう。この汚らしい戦争の中で、彼女と話すのが楽しみなのだ。「乾杯、ルネ」と〈私〉は言い、「乾杯、坊や」とルネが言う。

「チェリーブランデーはほんとに素晴らしかった。チェリーの甘美な炎が私の体内に流れ込み、私はこの不潔な戦争を忘れた。」（『ハインリヒ・ベル短篇集』青木順三訳　岩波文庫一九八八）

ルネおばさんはもういやになったから、ここを出ていくという。この戦争も軍隊もなにもかもいやだ。

この汚ない戦争の中で、この汚ない酒場で、ルネおばさんと飲んでいるのは、「どうしようもない惨めなことだったにもかかわらず、私にはなにか保護されるような安心感があったのだ。」

おばさんが出ていったら、どうなるのだろう。代りに、若くて美人の姪が来る、とおばさんはいう。だから、あした出ていくのだ。

「『乾杯』と、私は悲しくなって言った。『あしたからもうなのか。』

『乾杯』と彼女は言って、自分のグラスに注いだ。」

戦いに疲れた兵士を癒すルネおばさん。しかしこの戦争のくだらなさに愛想をつかして出ていこうとしている。明日から、おばさんの姪がやって来るそうだ。

クララ叔母さんのピアノ

レナード・バーンスタインは彗星のごとくあらわれてアメリカの人気指揮者となった。彼は小さい頃から音楽が好きで、よちよち歩きの時から、ピアノの音を聞くと、「モイニック、モイニック」（ミュージック、ミュージック）とまわらぬ口で叫んでいた、という伝説がある。

彼が夢中になったのは、クララ叔母さんがピアノを持ってきた時であった。

両親はウクライナのユダヤ人ゲットーの出身であった。母のジェニーは七歳の時にアメリカに連れてこられ、マサチューセッツ州ローレンスで育った。父サミュエル（サム）は少し遅れてアメリカに渡ってきた。彼はニューヨークで働き、友人の紹介でジェニーと結婚した。一九一八年にレナードが生れた。

サムは妻の親戚とつきあうのを好まなかったらしい。母方のおじ・おばはレナードにはあまり関係がなかった。

父方の親戚ではクララ叔母さんが異色であった。

「バーンスタイン一族で、兄のサムにつづいて一九一一年にアメリカに移民してきたサムの妹クララほど、風変りな人物はいなかった——一家は彼女を〝クレイジー・クララ〟と呼んでいたほどだ。後年、彼女は、車に当時はやりのベジタリアン食のための道具一式を積みこんで、バーンスタイン家の夏の別荘に押しかけてきた。彼女は太陽を崇拝するヌーディストでもあり、エクササイズの熱烈な信奉者でもあった。」（ハンフリー・バートン『バーンスタインの生涯』上　棚橋志行訳　福武書店　一九九四）

クララ叔母さんは三度目の結婚をする時、ピアノを預けていった。レナードはピアノに触れ、天に昇ったような気になる。

「あの瞬間から今日にいたるまで、わたしは音楽こそ〝最高のもの〟であることを、一生をかけて追い求めるべきものであることを、これっぽっちも疑ったことはありません。」とレナード・バーンスタインは語っている。

性の目覚め

シモーヌ・ド・ボーヴォワールの『娘時代　ある女の回想』（朝吹登水子訳　紀伊國屋書店　一九六一）は、良家の淑女として育てられた少女の、外の世界、異文化への目覚めが語られている。いっさいの悪書から遠ざけられ、身体や性についても知らないシモーヌと妹は田舎のエレーヌ叔母さんのところで、上品な良識で隠されていない、なまの、現実の世界に触れる。

従姉のマドレーヌは、犬の股間にぶらさがっているものを、男の人にはあれがついている、という。そしておきまりの、赤ちゃんはどこから生れるの、という疑問。

「エレーヌ叔母さまは時々ピアノの前に坐って私たちといっしょに一九〇〇年頃のシャンソンを歌った。叔母さんはたくさんのシャンソンを蒐めていた。私たちはいちばんあやしげな歌を選び、大満悦でそれを口ずさんだ。」

白い乳房……などというシャンソンを歌ったのである。性的な質問にはエレーヌ叔母さんは、あまり道徳的なことは気にせずに教えてくれた。

田舎でエレーヌ叔母さんから性教育を受けてパリにもどってきた娘たちは、赤ちゃんはどこから生れるのか母親に聞いてみることにした。問いつめられて母は、肛門から生れる、といった。

「けれども、この会話はそれっきりだった。こういう問題については母とはもう絶対に話さなかったし、母もそれ以来口をつぐんでしまった。」

母と子の間では直接、性の話をするのは気まずいものだ。それでも子どもたちはその知識をどこからか仕入れてくる。田舎のおじやおばやいとこたちから。

叔母さんはシモーヌと一緒に、ちょっと淫らな歌詞のシャンソンを歌ってくれる。母と一緒に歌えない歌もある。

イザベル叔母さんのギター

スペインの詩人フェデリコ・ガルシア・ロルカにギターを教えてくれたのはイザベル叔母さんであった。

ロルカは学生時代、私たちが愛読した詩人であった。なによりもまず、スペイン戦争で殺されたことがロマンティックな想像をかきたてた。〈ロルカのスペイン〉をいつか旅してみたいと思った。その後、スペインを訪ねた時、マドリッドの地下酒場で、ロルカの詩をつぶやくように歌うギタリストに会ったことがある。

ロルカは一八九八年、スペイン南部のアンダルシア地方、グラナダの近くに生れた。大家族で、四十人以上の従兄弟がいたという。平野の農村地帯で育ったが、一九〇九年、一家はグラナダに移った。ロルカを学校に入れるのに都会の方が都合がよかったのである。

この年、母が病気になり、入院したので、叔母のイザベル（父の妹）が家事を引受けた。

「叔母のイザベル・ガルシア・ロドリゲスは当時未婚であったが、彼女も家族とともにグラナダに移った。辺鄙な村で詩人フェデリコに最初のギター・レッスンをしてやったのが彼女であった。少年は叔母に対して尊敬の念を抱き、それは年を経るにつれ深まっていった。」（イアン・ギブソン『ロルカ』内田吉彦／本田誠二訳　中央公論社　一九九七）

病弱な母に代って、この叔母がロルカの世話をしてくれた。そしてギターを教え、スペインの民族音楽の魅力を教えてくれたのであった。

グラナダに来てから、ロルカはアントニオ・セグーラというギタリストに正式に習った。そして音楽家になりたいと思った。しかし、両親はそれを認めず、グラナダ大学に入学させた。スペインは名ギタリストを失ったが、代りにすばらしい詩人を持ったのであった。

マン家のおじさん

ヴィクトル・マンの『マン家の肖像　われら五人』（三浦淳訳　同学社　一九九二）にはいろいろなおじさんが出てきてややこしい。マン家というのはトーマス・マンの出た家のことだが、ヴィクトルは五人兄弟姉妹の五番目である。上の四人はハインリヒ、トーマス、ユーリア、カルラである。

小さい時の思い出が次のように書かれている。

「『オンモおじちゃん、僕ココア飲みたいよ』（中略）目をさました私はそう叫んだ。そして扉の前でオンモおじが小さな笑い声を上げると、ハイニおじの落ち着いて確信に満ちた声がするのだった。『うん、すぐにココアと、バターつき巻きパンを持ってくるよ。』私は満足して、すぐまた眠りについてしまう。」

さてこのオンモおじさんというのはトーマス・マンのことであり、ハイニおじさんはハインリヒ・マンのことなのだ。年の離れた末っ子のヴィクトルは「兄や姉を、おじ、おばの範疇で考えることしかできなかった」。

〈本当〉のおじ・おばも出てくるので、まことにまぎらわしいが、子どもからは大人に見える兄や姉が、おじ・おばとしてあつかわれる、という例としてあげておこう。

ヴィクトルは四人の兄と姉をおじ・おばとして語っていく。ハインリヒとトーマスは作家として有名になっていく。そして二人で協力して、『よい子のための絵本』(一八九七)をつくり、カルラとヴィクトルに献げてくれる。

だがそんな二人のおじさんであったが、やがて文学への考えをめぐって対立し、宿敵となる。その壮絶なドラマにここで触れるゆとりはないが、両方とも好きなヴィクトルには衝撃であった。

ヴィクトルは大人になってもトーマスに対し、おじさんのように思え、兄という気がしなかったそうだ。

未来派風おばさん像

アンドレイ・ベールイはロシア・アヴァンギャルド文学の先駆者である。ロシア世紀末の象徴派として出発し、二十世紀初頭のヨーロッパ全体を揺るがした芸術革命に参加していった。

『魂の遍歴』(一九一七―一九一八)は、『銀の鳩』(一九一〇)『ペテルブルグ』(一九一六)とともに彼の小説の三大主要作といわれている。スイスでルドルフ・シュタイナーの人智学運動に参加した時期に書かれた。恥ずかしながら、私の卒業論文は『ペテルブルグ』であった。

『魂の遍歴』は、幼児が世界に目覚めていく意識の旅を、人間の意識の始源にまでさかのぼりつつ記述しようとしたもので、茫漠としてとらえがたい。とにかく幼児の目の前にあらわれては去っていく、パパやママや乳母などの影像が点滅する。その中にドーチャ叔母さんが出てくる。

「ドーチャ叔母さんは生成して行く、、、――やはり初めは遠くの部屋の鏡の中に現われる。そして威厳にみちた平静さの中で肉化して行く。肉の装いをとったドーチャ叔母さんがエヴドーキヤ・エゴローヴナに成って行く。彼女はまるで「永遠」のようである。」

(『魂の遍歴』川端香男里訳　白水社　一九七三)

ジャック・ラカンにでも分析してほしい文章であるが、鏡像がしだいに現実の叔母さんになっていく過程が語られている。

「エヴドーキヤ・エゴローヴナ、この永遠なる女《ひと》は、同情しつつ僕のもとにやって来ては、僕に頬ずりする。血の一滴もない蒼ざめた顔で。ドーチャ叔母さんは加減が悪い――鏡の中で調子が狂っている。あそこでも、ここでも、僕を抱きしめながら鏡を指《ゆび》さしする。」

なんだかよくわからないが、とにかくドーチャ叔母さんは幼児の世界をつくっている。

ウィーン世紀末の叔母さん

はじめてウィーンに行った時、日曜日で街中が軽いお祭りのような陽気さで踊っていたことを思い出す。それはどうもシュニッツラーの小説を読んでつくり上げた世紀末ウィーンへの幻想が招いた印象であったかもしれない。

アルトゥール・シュニッツラー『ウィーンの青春　ある自伝的回想』（田尻三千夫訳　みすず書房　一九八九）ではその世紀末ウィーンの雰囲気がたっぷり語られる。そこに一人の魅力的な叔母さんが登場する。彼の小説に出てくるようなウィーンの粋な町娘である。

シュニッツラーは一八六二年、ウィーンに生れた。シュニッツラーというのは大工とか指物師の意味で、代々その職業に就いていた。出身はハンガリーで、父方の親類はそちらにいた。母はウィーンの医者の娘であった。したがってウィーンにいる母方の親類とのつきあいが多かった。

母には三人の妹、エンマ、イレーヌ、パウリーネがいた。

「一番若い叔母のパウリーネは賢くて、明朗で、「ツン」としていて、姉たちとは対照的に外観、態度、話し方の点でまったく非ユダヤ的な感じを、いやそれどころか本当のところウィーンの市外の町娘のような感じを与えた。ほんの小娘の、十七にもならぬ身空で彼女はオペレッタ作曲家ズッペの息子に恋をした。」

二人の結婚には反対があったが、それを押切って結ばれた。はじめのうちは仲良かった。その頃は、夫のペーター叔父さんは、甥たちを、胴乱と捕虫網を持って、ピクニックに連れていってくれた。しかし反ユダヤ人感情が高まってくると、この叔父さんはシュニッツラー家から遠ざかっていったという。ウィーンのよき時代は終ったのであった。

失われた伯母を求めて

おじさん・おばさんをさがす旅も一〇〇人目となった。最後は私が偏愛するマルセル・プルーストの伯母さんに会うことにしよう。『失われた時を求めて』にはレオニー叔母が出てくる。そのモデルとなったのはエリザベート伯母である。

プルーストの父アドリアン・プルーストは医学博士で、一八七〇年にジャンヌ・ヴェイユと結婚した。すぐに妊娠したが、普仏戦争がはじまり、ドイツ軍がパリに入城し、パリ・コミューンの暴動が起きるという大変な時期であった。その最中の一八七一年に母の実家オートゥィユでプルーストは生れた。

父の実家はパリから少し離れたイリエである。プルースト家は父がいそがしい時はパリ郊外のオートゥイユで過したが、たいていはイリエに出かけた。

父の姉エリザベートはイリエの裕福な商人ジュール・アミヨと結婚していた。マルセル・プルーストはこの伯母さんの家で過す夏休みが好きだった。今でもイリエは昔のまんまの雰囲気で残っていて、ロワール川の水源であるという小川がゆっくり流れている。

エリザベート伯母さんは繊細な感性を持った人で、やがて部屋に閉じこもって、あまり外に出なくなった。

「彼女の栄養源はヴィシー水とペプシンと菩提樹の煎じ薬、それにかの有名なマドレーヌに限られていたように思われる。」（ジョージ・D・ペインター『マルセル・プルースト　伝記』岩崎力訳　筑摩書房　一九七一―一九七二）

エリザベート伯母は閉じこもり、神経衰弱で亡くなった。

晩年のプルーストは部屋に閉じこもり、ベッドの上で『失われた時を求めて』を書上げた。この伯母さんのうつ病的な気質を受け継いだといわれる。もしかしたら伯母さんは、プルーストに、時の秘密を伝え、〈失われた時〉を見出させたのかもしれない。

エピローグ――私の伯母さん

おじさん・おばさんは今、ひどくおとしめられているのではないだろうか。そしてさらに、おじさん・おばさんは絶滅しかけているのではないか。

そのような思いを持って、私はおじさん・おばさんをたどってみた。そこで感じたいくつかのことについて考えてみたい。

まず、しだいにわかってきたのは、おじ・おばというのは他者のはじまりだ、ということである。家族というインナー・サークルと外部との境界にいる。おじさんは父のようであるが、父ではない。そして、おじ・おばとの交流は、外の世界との交流のはじまりであり、私が他者とつきあうためのレッスンなのだ。

おじ・おばの不在は、私と他者との交流のパイプをかなり細くするのではないだろうか。私は自分の外のもの、異ったものを理解できるだろうか。私たちは理解しあえず、ついに他者のままに終るのだろうか。現代における他者への想像力の貧しさは、おじ・おばの不在と関連しているのではないだろうか。私たちは教えてくれる人を見つけられないのだ。

もしかしたら、おじさん・おばさんについて書くことが文学のはじまりかもしれない。

なぜなら、文学とは、私と他者を結ぶ〈ことば〉を見出そうとするものだからだ。そんなふうに考えてみると、文学も新しい読み方ができるような気がした。おじ・おばの例をさがすために、カポーティからプルーストまでの文学をあつかったのだが、おじ・おばのキーワードによって、知っている作品でもまたちがった面白さが見えてくる。

おじさん・おばさんによって、私たちは世界へ、私とはちがう世界へと開かれる。彼らは他者への、世界への案内者なのだ。

多くの人は大人になると、自分を世界へ導いてくれた人を忘れてしまう。なぜなら、今、ここにあることに満足するからだ。一部の人は忘れない。自分がどうしてここにきたかを考えるからだ。今、ここ、という時空がすべてではなく、その彼方の時があり、私たちはそこからやってきたのだ、という想像力をめぐらし、その時をとりもどしたいと思う。

おじさん・おばさんこそ、私たちが忘れた記憶、失われた時なのだ。なぜなら、その失われた時というのは、ずっと昔ではなく、つい昨日《オンリー・イエスタディ》のことだからだ。まったく知らないわけではないが、はっきりはおぼえていない、ぼんやりとした、過ぎたばかりの、おぼろげな黄昏、〈世紀末〉こそが、おじ・おばの時なのである。

大人になった時、小さい時のことは忘れてしまう。たとえば、ものごころつく前に亡くなった母についてはなにも知らない。だが、おじ・おばが母の思い出を伝えてくれて、それが子どもの中で、母の記憶となってゆく。子どもの頃の記憶というのは、彼だけによるものではなく、まわりの人々の記憶によって補われたものなのだ。

私たちは記憶を共有している。もしそうでなければ、他者を認識することはできない。文学は、おじ・おばについて語ることにはじまり、おじ・おばの記憶を共有することなのだ。

なぜ私は、おじ・おばについて書きだしたのだろうか。私にも、失われた時を甦らせてくれる伯母がいたからだ。多くのおじさん・おばさんをたどりながら、ふとその伯母の記憶が甦ってくる。

その伯母は母の姉で、一生、独身であった。私は直接知らないが、戦前、若い頃は、モダン・ガールであった。職業婦人のはしりで、三越の店員になった。当時はまだ店は畳敷で、はきものを脱いで上った。伯母は和服で、ぞうりをはいて通ったという。『百貨店の博物史』を書いていた時、伯母のことを思い出した。

大正から昭和にかけての銀座や浅草のことを話してくれた。私がなぜ〈一九二〇年代〉に夢中になったか自分でもはっきりしなかったが、今になってみると、伯母のいきいきした思い出が私の中に残っていたのかもしれない。

戦災で浅草の家を焼出され、戦後は品川の大井町に間借りして、病気の母（私の祖母）を養っていた。両親と私は当時、大田区の馬込に住んでいたので、私は日曜になると伯母のところへ遊びに行った。

伯母の借りていた部屋は、大井町駅からすぐのゼームス坂の途中の靴屋の二階であった。この靴屋さんはクリスチャンで、地下に礼拝堂があった。

店に入ると、靴屋の主人が仕事台に向って靴の鋲などを打っている。私は伯母からきびしく言われているので、丁寧にあいさつする。するとだまって手まねきすると、小さくたたんだ紙幣を私の手に押込み、「おばさんには内緒だ」という。奥さんに遠慮していたようだ。

あとで伯母に報告すると、「もらっておきなさい」といわれた。

伯母はこわかった。祖母が私を甘やかすといって激しく怒った。私たちは小さくなっていた。しかし私はこの伯母が好きであった。祖父は早く亡くなっていた。酒飲みで、財産をつぶした、と伯母はその父を許さなかった。父の死後、この伯母が母とまだ小さな弟妹を養ってきた。だから彼女が家長なのであった。

もし家にゆとりがあったら、伯母は女優になりたかったそうだ。その夢は果せなかったけれど、芝居や映画、音楽が大好きであった。それらの見方や面白さを教えてくれたのはこの人である。とにかく趣味の広い人で、オペラのアリアを歌ってみせるかと思うと、歌舞伎の声色をやったりした。白浪五人男のセリフを私に教えてくれた。

私が今、さまざまなことに興味を持ち、さまざまなジャンルについて書くのを楽しむことができるのも、この伯母のおかげなのである。

残念なことに、伯母は、私がものを書くようになる前に亡くなってしまった。自分が愛したものを惜しみなく私に伝えてくれた人に、私はなにもしてあげることができなかったのである。そのことを思うと、私は悲しくてならない。

しかし、もしかしたら、そのことが、おじさん・おばさんの愛の特徴であるかもしれない。見返りのない、無償の愛なのだ。そこに親とのちがいがある。もし親が大科学者やスターを育てれば、親の名誉であり、利益にもなるだろう。そして親の名は記憶される。しかし、おじさん・おばさんはほとんど忘れられてしまう。大音楽家にピアノを手ほどきした伯母さんの名など、ほとんど記憶されないだろう。今度、多くのおじさん・おばさんをさがしてみて、伝記などでもあまり注目されていず、見つけるのになかなか苦労した。

親は子に責任があり、また直接の利害関係もある。しかしおじ・おばは甥・姪に特に責任はない。その代りに見返りも期待できない。だがそれにもかかわらず、おじさん・おばさんは子どもたちに惜しげもなく愛を注ぎ、知識や財産を贈り、彼らが大人になるとひっそりと去っていき、忘れられる。

そのことが、おじさん・おばさんの切なさであり、すばらしさなのだ。

だが、そのような人たちは消えつつある。少子化の中で、おじ・おばがいなくなっている。子どもたちは親だけで世話できるのだろうか。おじ・おばの減少をどうしたらいいのだろうか。もう血縁や親族としてのおじさん・おばさんだけでは足りなくなっている。

これまでのべてきたように、おじさん・おばさんはかなり広い意味を持っている。私たちは、近所の、そのへんの、〈おじさん〉や〈おばさん〉を含めて考え直してみてもいいのではないだろうか。

おじさん・おばさんへの親しさに出会うことで、私たちは孤独な自分から出ていくことができる。そしてやがて、自らおじさん・おばさんとして、子どもたちに世界を開いてやるのだ。

私たちはまた出会うことができた。

私の伯母さんに、乾杯！

あとがき

この本は、現代において、あまりにおとしめられ、馬鹿にされている〈おじさん・おばさん〉を文化史的に見直したい、という試みである。〈おじさん・おばさん〉の意味が失われていったことが、現代社会の孤独の影をより深めているのではないだろうか。

さて、あらためて調べてみると、〈おじさん・おばさん〉については、親子についての本がおびただしくあるのに比べて、あまりないようである。それだけ重視されていないのである。

まとまった研究が見つからないので、私はとにかく、おじさん・おばさんの例を拾い集めることにした。この本はそのコレクションの記録なのである。さがしてみると、いろんなおじさん・おばさんが見つかり、楽しいフィールドワークとなった。

第一章ではまず、〈おじさん・おばさん〉とはなにかを考えてみた。ところが、だれでも知っているようで、実は、かなり複雑で、まだ、きちんと定義できていないことがわかった。〈おじさん・おばさん〉はそれだけ、変化に富んで、融通無碍《ゆうずうむげ》の豊かな内容を持っているのである。

第二章では、大いなる〈おじさん・おばさん〉たちを選んで、それぞれのケースをややくわしくたどってみた。画家、科学者、政治家、作家などできるだけ多様な領域をとりあげるようにしたが、私の好みで、芸術家が多く入っている。ゴッホの例が示しているように、画家でない両親から、なぜすばらしい画家が出てくるのか、という謎に私は魅せられているのだ。そのような斜めからの文化継承があるからこそ、さまざまな人にチャンスが与えられており、世界が面白くなるのだ。

実在の人だけでなく、文学の中にあらわれる例もとりあげることにした。〈おじさん・おばさん〉がいかに書かれているか、をたどってみると、私たちが〈おじさん・おばさん〉をどのように見ているかがわかるのである。

第三章では、コレクションした一〇〇人の〈おじさん・おばさん〉のスナップショットを並べることにした。ひとりひとりについていろいろ書くことはあるのだが、とてもきりがないので、あるカットだけを見せて、読む人にそこから想像してもらうことにした。ここに示したのは、決して〈おじさん・おばさん〉の理想像ではなく、いろんな人がいるという多様性を楽しんでもらうギャラリーなのである。その雑多な面白さを出すために、順序も分類もなく、思いつくまま、出会うままに並べていった。

このような〈おじさん・おばさん〉さがしの旅には、思いがけない発見もあった。資料をさがして、自分の書庫や図書館をめぐるうちに、私がこれまで読んで、それきり忘れていた本に再会した。そして、〈おじさん・おばさん〉というキーワードで読み直すと、また新しい魅力が見えてきた。

巻末に参考にした本などのリストをあげてあるが、若い時に読んで、もう再読することはないと思っていた世界の名作にまた出会った。たとえば、ロマン・ロランの『ジャン・クリストフ』である。かつて読んだ時は、クリストフのおじさんについてほとんど意識していなかった。

それらの青春の書を私はすっかり忘れていた。しかし、〈おじさん・おばさん〉をさがす旅は、それらの本と再会し、かつてその本を読んでいた頃の自分に出会う、なつかしい旅になった。おそらく、〈おじさん・おばさん〉について考え、思うことは、自分が若々しかった時、失われた時をとりもどすことなのだ。

さまざまな〈おじさん・おばさん〉をさがす旅は、世界史の旅であり、世界文学、世界芸術の旅でもあった。

そしてこれは、すべての人々の〈おじさん・おばさん〉をさがす普遍的な旅であるとともに、私の個人的な、私的な〈おじさん・おばさん〉を訪ねる旅でもある。だからエピローグに、私の伯母さんについて書かせてもらった。

私はこの本を書きながら、忘れていた私の伯母さんを思い出した。いや、そうではなかったかもしれない。私の伯母さんの思い出が、この本を書かせてくれたのだろう。「斜めに橋を架ける」という日本経済新聞に書いた短いエッセイがこの本のきっかけになっている。それを読んで、一冊の本を書けといってくれた幻戯書房の田口博さんによって、そして、〈おじさん・おばさん〉論を読みたいといってくれた辺見じゅんさんによって、この、とんでもない本が実現した。

これを読む人たちが、自らのおじさん・おばさんの思い出を甦らせてくれたら、なによりもうれしい。

二〇一一年三月

海野　弘

〈おじさん・おばさん〉参考資料

順不同。文献について、邦訳されていない作品は原著の発行年のみを記しました。映画などについては、主な関係者のみを記しました。なお、本文中の表記と異なるものもあります。

文献

トルーマン・カポーティ「クリスマスの思い出」『ティファニーで朝食を』龍口直太郎訳　新潮文庫　一九六八
マーク・トウエン『トム・ソーヤーの冒険』大久保康雄訳　新潮文庫　一九五三
『マーク・トウェイン自伝』勝浦吉雄訳　筑摩書房　一九八四
合田濤「親族」吉岡政徳「親族名称」『文化人類学事典』弘文堂　一九八七

福田アジオ他編『日本民俗大辞典』上―下　吉川弘文館　一九九九―二〇〇〇
石上堅『日本民俗語大辞典』桜楓社　一九八三
須藤健一『母系社会の構造――サンゴ礁の島々の民族誌』紀伊國屋書店　一九八九
ロバート・ブレイン『友人たち／恋人たち――友愛の比較人類学』木村洋二訳　みすず書房　一九八三
クロード・レヴィ＝ストロース『親族の基本構造』福井和美訳　青弓社　二〇〇〇
『ロランの歌』有永弘人訳　岩波文庫　一九六五
ジョゼフ・ベディエ『トリスタン・イズー物語』佐藤輝夫訳　岩波文庫　一九五三
トマス・ブルフィンチ『中世騎士物語　騎士道の時代』大久保博訳　角川文庫　一九七四
ジェフリー・オヴ・モンマス『ブリタニア列王史　アーサー王ロマンス原拠の書』瀬谷幸男訳　南雲堂フェニックス　二〇〇七
J・R・R・トールキン『サー・ガウェインと緑の騎士　トールキンのアーサー王物語』山本史郎訳　原書房　二〇〇三
ヨハンナ・ファン・ゴッホ＝ボンゲル「フィンセント・ファン・ゴッホの思い出」『ファン・ゴッホ書簡全集』1　二見史郎他訳　みすず書房　一九六九
イーゴリ・ストラヴィンスキー『ストラヴィンスキー自伝』塚谷晃弘訳　カワイ楽譜　一九七二

ミシェル・フィリッポ『ストラヴィンスキー』松本勤他訳　音楽之友社　一九七二
『リムスキイ・コルサコフ自傳』清水脩訳　河出書房　一九四一
ロバート・クラフト『ストラヴィンスキーとの対話』一九五九
フレデリック・V・グルンフェルド『ロダン伝』一九八七
オーギュスト・ロダン『フランスの聖堂』新庄嘉章訳　新潮社　一九五一
アイザック・ニュートン『プリンシピア　自然哲学の数学的原理』中野猿人訳注　講談社　一九七七
ジョナサン・スウィフト『ステラへの消息』一七六六
D・H・クラーク／S・P・H・クラーク『専制君主ニュートン　抑圧された科学的発見』伊理由美訳　岩波書店　二〇〇二
フランク・E・マニュエル『アイザック・ニュートンの肖像』一九六八
ロマン・ロラン「ベートーヴェンへの感謝」『ロマン・ロラン全集』24　片山敏彦他訳　みすず書房　一九八〇
フリーダ・ナイト『ベートーヴェンと変革の時代』深沢俊訳　法政大学出版局　一九七六
エディッタ・シュテルバ／リヒャルト・シュテルバ『ベートーヴェンとその甥――人間関係の研究』武川寛海訳　音楽之友社　一九七〇
ベートーヴェン『音楽ノート』小松雄一郎訳編　岩波文庫　一九五七

ジョン・ガンサー『回想のローズヴェルト』清水俊二訳　早川書房　一九六八
アントン・チェーホフ『かもめ　ワーニャ伯父さん』神西清訳　新潮文庫　一九六七
アントン・チェーホフ『桜の園　三人姉妹』神西清訳　新潮文庫　一九六七
アントン・チェーホフ「森の主」『チェーホフ全集』12　池田健太郎他訳　中央公論社　一九六〇
ヴェ・エルミーロフ『チェーホフ研究』牧原純／久保田淳訳　未来社　一九五三
パトリック・デニス『メイムおばさん』上田公子訳　角川文庫　一九七四
エラリー・クイーン『日本庭園殺人事件』石川年訳　角川文庫　一九六七
グレアム・グリーン『叔母との旅』小倉多加志訳　早川書房　一九七〇
グレアム・グリーン『ブライトン・ロック』丸谷才一訳　ハヤカワ epi 文庫　二〇〇六
グレアム・グリーン「スタンブール特急」『グレアム・グリーン選集』2　北村太郎訳　早川書房　一九六〇
グレアム・グリーン『ヒューマン・ファクター』宇野利泰訳　早川書房　一九七九
E・M・フォースター『ある家族の伝記――マリアン・ソーントン伝』川本静子／岡村直美訳　みすず書房　一九九八
E・M・フォースター『インドへの道』瀬尾裕訳　筑摩書房　一九八五
E・M・フォースター『眺めのいい部屋』西崎憲／中島朋子訳　ちくま文庫　二〇〇一

ルイス・キャロル『不思議の国のアリス』河合祥一郎訳　角川文庫　二〇一〇
ジャンヌ・フェブル『叔父ドガ』東珠樹訳　東出版　一九八一
マーク・トウエン「私の懐中時計」『マーク・トウエン短篇集』古沢安二郎訳　新潮文庫　一九六一
ハンス・カロッサ『美しき惑いの年』手塚富雄訳　岩波文庫　一九五四
ディドロ『ラモーの甥』本田喜代治／平岡昇訳　岩波文庫　一九九二
アンブロワーズ・ヴォラール『画商の想出』小山敬三訳　美術出版社　一九五〇
『フレーベル自伝』長田新訳　岩波文庫　一九四九
ツルゲーネフ『貴族の巣』米川正夫訳　角川文庫　一九五一
チャールズ・ラム「私の近親」『幻の子供たち――エリア随筆抄』山内義雄訳　角川文庫　一九五三
アクサーコフ『家族の記録』黒田辰男訳　岩波文庫　一九五一
S・T・アクサーコフ『幼年時代』貝沼一郎訳　人力社　一九九三
ゴーリキイ『幼年時代』湯浅芳子訳　岩波文庫　一九六八
ジェームズ・ジョイス『若き日の芸術家の肖像』飯島淳秀訳　角川文庫　一九六五
フランシス・バーネット『秘密の花園』龍口直太郎訳　新潮文庫　一九五四
バーネット『小公子』中村能三訳　新潮文庫　一九八七

バーネット『小公女』伊藤整訳　新潮文庫　二〇〇四
ヘンリー・ミラー『わが青春のともだち』田村隆一／北村太郎訳　徳間書店　一九七六
ウィリアム・サローヤン「友人たちの没落」『サローヤン短篇集』古沢安二郎訳　新潮文庫　一九五八
チャールズ・ブコウスキー『くそったれ！　少年時代』中川五郎訳　河出文庫　一九九九
ヘルマン・ヘッセ『青春は美わし』高橋健二訳　新潮文庫　一九五四
エドワード・ギボン『ローマ帝国衰亡史』1―10　村山勇三訳　岩波文庫　一九五一―一九五九
エドワード・ギボン『ギボン自叙伝――わが生涯と著作との思ひ出』村上至孝訳　岩波文庫　一九四三
エーヴ・キュリー『キュリー夫人伝』河野万里子訳　白水社　二〇〇六
マイルス・デイビス／クインシー・トループ『マイルス・デイビス自叙伝』1―2　中山康樹訳　JICC出版局　一九九〇
マルク・シャガール『シャガール　わが回想』三輪福松／村上陽通訳　朝日選書　一九八五
アルフレッド・サンスィエ『ミレーの生涯』井出洋一郎監訳　講談社　一九九八
ローランド・ペンローズ『ピカソ　その生涯と作品』高階秀爾／八重樫春樹訳　新潮社　一九七八

アンドラス・ラスロ『ぼくのハシントおじさん』井上勇訳　晶文社　一九七七
ルナアル『にんじん』岸田國士訳　岩波文庫　一九五〇
ロマン・ロラン『ジャン・クリストフ』新庄嘉章訳　新潮文庫　一九六九
ヨハンナ・スピリ『アルプスの少女』関泰祐／阿部賀隆訳　角川文庫　一九五二
ギ・ド・モーパッサン「ジュール叔父」『モーパッサン短編集』1　青柳瑞穂訳　新潮文庫　一九七一
ソーニャ・コヴァレフスカヤ「ラエフスキ家の姉妹（ロシアでの生活）」『ソーニャ・コヴァレフスカヤ　自伝と追想』野上弥生子訳　岩波文庫　一九三三
マックス・ブロート『フランツ・カフカ』辻理／林部圭一／坂本明美訳　みすず書房　一九七二
フランツ・カフカ「父への手紙」マックス・ブロート編『カフカ全集』3　飛鷹節訳　新潮社　一九八一
『わが思い出と冒険　コナン・ドイル自伝』延原謙訳　新潮文庫　一九六五
ドオデエ『プチ・ショウズ　ちび君』八木さわ子訳　岩波文庫　一九三三
ドストエフスキー『未成年』上—下　工藤精一郎訳　新潮文庫　一九六九
ドストエフスキー『悪霊』上—下　江川卓訳　新潮文庫　一九七一
アルベルト・シュヴァイツァー「生い立ちの記」『シュヴァイツァー選集』1　国松孝二他訳

白水社　一九六一
ジョン・ゴールズワァジィ「遠い縁者」『静寂の宿　研究と随筆』本多顕彰訳　岩波文庫　一九三三
『リルケ新詩集』松崎博臣訳　日本文芸社　一九六七
リルケ「老女」『リルケ詩集』富士川英郎訳　新潮文庫　一九六三
バルザック『従兄ポンス』上―下　水野亮訳　岩波文庫　一九七〇―一九七二
バルザック『従妹ベット』上―下　水野亮訳　岩波文庫　一九五〇
デニス・ブライアン『アインシュタイン　天才が歩んだ愛すべき人生』鈴木主税訳　三田出版会　一九九八
ルース・ムーア『ニールス・ボーア　世界を変えた科学者』藤岡由夫訳　河出書房新社　一九六八
マーリヤ大公女『最後のロシア大公女マーリヤ　革命下のロマノフ王家』平岡緑訳　中央公論社　一九八四
レフ・トロツキー『トロツキー自伝』1―2　高田爾郎訳　筑摩書房　一九八九
エーリヒ・ケストナー『わたしが子どもだったころ』高橋健二訳　みすず書房　一九五八
『アーサー・ランサム自伝』神宮輝夫訳　白水社　一九九九
ベンジャミン・フランクリン『フランクリン自伝』渡辺利雄訳　中央公論新社　二〇〇四

アンドリュー・カーネギー『カーネギー自伝』坂西志保訳　中公文庫 BIBLIO　二〇〇二
ヘンリー・ジェイムズ『ワシントン・スクエア』河島弘美訳　キネマ旬報社　一九九七
マーガレット・アトウッド「偉大なる叔母たち」デイヴィッド・ブラッドリー「収穫の祝い」クライド・エッジャートン「四枚刃のナイフ」エリザベス・スペンサー「ティオック再訪」キャロリン・アンソニー編『ファミリー・ポートレイト――記憶の扉をひらく一枚の写真』松岡和子／前沢浩子訳　早川書房　一九九四
オルギヴァンナ・L・ライト『ライトの生涯』遠藤楽訳　彰国社　一九七七
レイモンド・ローウイ『口紅から機関車まで　インダストリアル・デザイナーの個人的記録』藤山愛一郎訳　学風書院　一九五三
ジーン・ウェブスター『あしながおじさん』松本恵子訳　新潮文庫　一九五四
『アーサー・ミラー自伝』上－下　倉橋健訳　早川書房　一九九六
バーナード・リーチ『東と西を超えて　自伝的回想』福田陸太郎訳　日本経済新聞社　一九八二
アルベルト・モラヴィア／アラン・エルカン『モラヴィア自伝』大久保昭男訳　河出書房新社　一九九二
ドストエフスキー『白痴』1－4　米川正夫訳　岩波文庫　一九七〇
ヤン・コット『シェイクスピアはわれらの同時代人』蜂谷昭雄／喜志哲雄訳　白水社　一九六

八
ヤン・コット『私の物語』関口時正訳　みすず書房　一九九四
ル・クレジオ『はじまりの時』上―下　村野美優訳　原書房　二〇〇五
ラドヤード・キプリング「メアリ・ポストゲイト」『キプリング短篇集』橋本槙矩訳　岩波文庫　一九九五
レーモン・クノー『地下鉄のザジ』生田耕作訳　中公文庫　一九七四
ガルシア・マルケス『百年の孤独』鼓直訳　新潮社　一九七二
レイナルド・アレナス『めくるめく世界』鼓直／杉山晃訳　国書刊行会　一九八九
レイナルド・アレナス『夜になるまえに　ある亡命者の回想』安藤哲行訳　国書刊行会　一九九七
ラファエル・サバチニ『スカラムーシュ』大久保康雄訳　創元推理文庫　一九七一
ハワード・タイクマン『ヘンリー・フォンダ　マイ・ライフ』鈴木主税訳　文藝春秋　一九八二
ジョン・スタインベック『怒りの葡萄』大久保康雄訳　新潮文庫　一九六七
ルウドヰヒ・トオマ『悪童物語』実吉捷郎訳　岩波文庫　一九三五
エリザベス・ギャスケル「異父兄弟」『ギャスケル短篇集』松岡光治訳　岩波文庫　二〇〇〇
ヒュー・ウォルポール『ジェレミー――幼児の生ひ立』西田琴訳　岩波書店　一九三七

ローレンス・リーマー『イングリッド・バーグマン　時の過ぎゆくまま』大社淑子訳　朝日新聞社　一九八九
アン・エドワーズ『キャサリン・ヘプバーン』小田島雄志訳　文藝春秋　一九九〇
ローレン・バコール『私一人』山田宏一訳　文藝春秋　一九八四
ロアルド・ダール『オズワルド叔父さん』田村隆一訳　早川書房　一九八三
ジェラアル・ド・ネルヴァル「シルヴィ」『火の娘』中村眞一郎訳　新潮文庫　一九五一
サミユエル・ベケット『ゴドーを待ちながら』安堂信也訳　白水社　一九五六
シュテファン・ツヴァイク『昨日の世界――ヨーロッパ人の回想』上―下　原田義人訳　慶友社　一九五二
トマージ・ディ・ランペドゥーサ『山猫』小林惺訳　岩波文庫　二〇〇八
C・デビッド・ハイマン『ジャッキーという名の女』上―下　広瀬順弘訳　読売新聞社　一九九〇
『ペレ自伝』伊達淳訳　白水社　二〇〇八
ジェイムズ・カーカップ「母方の親類」『ひとりっ子　ジェイムズ・カーカップ自叙伝』1　武本明子訳　匠出版　一九八六
セシル・デイ・ルイス『埋もれた時代　若き詩人の自画像』土屋哲訳　南雲堂　一九六二
『ジュリアン・ハックスリー自伝』1―2　太田芳三郎訳　みすず書房　一九七三

サマセット・モーム『人間の絆』中野好夫訳　新潮文庫　一九五九
アガサ・クリスティ『ミス・マープル最初の事件――牧師館の殺人』厚木淳訳　創元推理文庫　一九七六
M・D・ポースト「天の使い」『アブナー伯父の事件簿』菊池光訳　創元推理文庫　一九七八
リチャード・ハル『伯母殺人事件』大久保康雄訳　創元推理文庫　一九六〇
フランシス・アイルズ『殺意』大久保康雄訳　創元推理文庫　一九七一
F・W・クロフツ『クロイドン発12時30分』大久保康雄訳　創元推理文庫　一九五九
パット・マガー『七人のおば』大村美根子訳　創元推理文庫　一九八六
パトリシア・モイーズ『死とやさしい伯父』隅田たけ子訳　早川書房　一九七二
コンスタンチン・スタニスラフスキー『芸術におけるわが生涯』上―中―下　蔵原惟人／江川卓訳　岩波文庫　二〇〇八
『女として人類学者として――マーガレット・ミード自伝』和智綏子訳　平凡社　一九七五
サキ「クローヴィスの弁舌」『ザ・ベスト・オブ・サキ』1　中西秀男訳　ちくま文庫　一九八八
J・R・R・トールキン『指輪物語』1―9　瀬田貞二／田中明子訳　評論社文庫　一九九二
ハインリヒ・ベル「ルネおばさん」『ハインリヒ・ベル短篇集』青木順三編訳　岩波文庫　一九八八

ハンフリー・バートン『バーンスタインの生涯』上―下　棚橋志行訳　福武書店　一九九四
シモーヌ・ド・ボーヴォワール『娘時代　ある女の回想』朝吹登水子訳　紀伊國屋書店　一九六一
イアン・ギブソン『ロルカ』内田吉彦／本田誠二訳　中央公論社　一九九七
ヴィクトル・マン『マン家の肖像　われら五人』三浦淳訳　同学社　一九九二
アンドレイ・ベールイ『魂の遍歴』川端香男里訳　白水社　一九七三
アンドレイ・ベールイ『ペテルブルグ』川端香男里訳　講談社文芸文庫　一九九九―二〇〇〇
アルトゥール・シュニッツラー『ウィーンの青春　ある自伝的回想』田尻三千夫訳　みすず書房　一九八九
マルセル・プルースト『失われた時を求めて』1―13　鈴木道彦訳　集英社文庫　二〇〇七
ジョージ・D・ペインター『マルセル・プルースト　伝記』上―下　岩崎力訳　筑摩書房　一九七一―一九七二

映画など

モートン・ダコスタ演出『メイム叔母さん』ロザリンド・ラッセル出演　一九五八

ジーン・サックス監督『メイム』ルシル・ボール出演　一九七四
ラディスラオ・ヴァホダ監督『広場の天使』アントニオ・ヴィコ出演　一九五六
ウィリアム・ワイラー監督『女相続人』オリヴィア・デ・ハヴィランド／モンゴメリー・クリフト出演　一九四九
ジーン・ネグレスコ監督『あしながおじさん』レスリー・キャロン／フレッド・アステア出演　一九五五
ジョン・フォード監督『荒野の決闘』ヘンリー・フォンダ出演　一九四六
ジョン・フォード監督『怒りの葡萄』ヘンリー・フォンダ出演　一九四〇
アラン・レネ監督『アメリカの伯父さん』ロジェ・ピエール／ニコール・ガルシア／ジェラール・ドパルデュー出演　一九八〇
ロジェ・ブラン演出『ゴドーを待ちながら』一九五三
ジャック・タチ監督『ぼくの伯父さんの休暇』ナタリー・パスコー出演　一九五三
ジャック・タチ監督『ぼくの伯父さん』ジャン・ピエール・ゾラ出演　一九五八
ジャック・タチ監督『プレイタイム』バルバラ・デネック出演　一九六七
ジャック・タチ監督『トラフィック』マリア・キンバリー出演　一九七一
ルキノ・ヴィスコンティ監督『山猫』バート・ランカスター／アラン・ドロン出演　一九六三

解説

山崎まどか

海野弘の『おじさん・おばさん論』は、トルーマン・カポーティの『クリスマスの思い出』から始まる。主人公の少年が預けられた家に、居候している独身の「おばちゃん」の話である。この「おばちゃん」は家父長制の社会である家庭内でも、地域のコミュニティや、もっと言うと経済活動を参入の前提とする社会全般において「弱者」だ。しかし、主人公に限りない愛を注ぎ、彼はおばの愛を糧にして大人になっていく。

どうして、父母やきょうだいではなく、「おじ」「おば」と呼ばれる人たちの愛は沁みるのか。彼らと年若い甥や姪の関係性は、それぞれの個人に何をもたらすのか。この本は、歴史や文学の中に出てくるおじやおばから、それを読み解いていこうとする。他の家族と違って、おじやおばの話は物語の後景として描かれることが多い。それを前方に持ってくると、意外なことが見えてくる。こうしたディテールへのこだわりが実に海野弘らしい。

そしておじ・おばとは、実は定義が曖昧な存在だということが分かっていく。必ずしも血のつながりがある関係ではない。それどころか、正確に〝親戚〟とは呼べない場合でも、おじ・おば的な立場を取る人もいる。この本ではおじ・おばという言葉の解釈を広げ、名付け親（代父・代母）や、子供たちにとっての身近な大人というところまで話を持っていく。医師や弁護士、教師など「先生」と呼ばれるような、あるいは「社長」「上役」といった肩書きを持たない、自分と付き合いのある大人を、子供は「おじさん」「おばさん」と呼ぶ。直接的な付き合いがなくても「おじさん」「おばさん」は中年男女の総称として使われることが多い。好意的ではない、侮蔑的なニュアンスもそこには含まれる。「若くない」ということは恥ずかしいことであり、「父母」や「先生」のように自分の上に立つ地位にいるのではない「偉くない」大人は、尊敬に値しないとでも言うように。

古典文学から、有名人の自伝や伝記まで。海野弘は様々な文献を繙《ひもと》きながら、この「偉くない大人」が子供たちの成長に及ぼす影響について語っていく。色々なタイプのおじ・おばが私たちの前に現れる。変わり者や、道楽者、独身、落伍者、自分の子供を持たない者。彼らは子供たちに、父母や先生が教えてくれないことを教えてくれる存在だ。それは〝教育〟というのともちょっと違う、この本のいうところの「斜めの文化継承」なのである。

おじ・おばは他人の子供に愛を注ぐ存在として描かれる。その愛もまた「斜めの」ものである。父母のように直線的な関係でトップダウンによってもたらされるものとは違って、子供たちにとって抑圧にならない。「おばさん」という名称と立場に女性として向かい合った岡田育の『我は、おばさん』には、おばさんと姪の関係について「姪に鋭く光るナイフを手渡して親子の絆を斜めに切りつける〝非・お母さん〟」という表現を使っている。性的なものや、利害関係を含まない他者からの愛。それがおじ・おば的な愛で、だからこそ『クリスマスの思い出』の「おばちゃん」の愛は沁みるのである。

そしておじ・おばからの愛を受け取った人間はどのように育つのか。おばから自由をもらって育った者として、ここではこの本で取り上げられている『メイムおばさん』の著者パトリック・デニスの話を挙げておきたい。カポーティの『クリスマスの思い出』の「おばちゃん」にモデルがいるように、彼のメイムおばさんにも元になった人物がいた。彼の父の妹であるマリオン・タナーという女性だ。日本ではあまり知られていないが、アメリカでは「メイムおばさん」といえば、自由に生きる「おばさん」アイコンとも呼べる存在である。一九五〇年代、パトリック・デニスは『メイムおばさん』や『リトル・ミー（未訳）』といった作品が舞台化されて人気作家となった。結婚していたが実は同性愛者で、ニューヨークのグリニッジ・ヴィレッジのゲイコミュニティでは有名だったという。一九七〇年、著作が売れなくなって生活に行き詰まると、彼は富裕層のための執事に転身した。マクドナルドのＣＥＯの家で働いていたこともある。身を落としたという感じはなく、デニスは仕事を楽しんでいて、かつての知り合いが晩餐会で彼の姿を認めて驚くと、チャーミングにウィンクをして返したという。自由な「おばさん」の「甥」らしい生き方だ。出世すること、裕福になること、名声を築くこと。それとは違う、生きる喜びを教えてくれる「若くない」「偉くない」おじ・おば的な存在は、今の世の中にこそ必要ではないだろうか。旧来の「家族」という概念が瓦解しつつある今こそ。

そして海野弘の著作はいつも読者に「斜めの文化継承」をもたらしてくれる「おじ」的な存在だった。教科書や、学者の書く研究書や専門書ではない彼の本は、私たち読者にいつも新たな視点をもたらしてくれた。江戸時代も、ワイマール共和国も、一九二〇年代のジャズエイジも、アメリカのギャングの物語も、彼が語ると「歴史」ではなく「ポップカルチャー」となり、ワクワクさせられる現在進行形の文化となった。それはおじ的なスタンスを持つ者にしかできない教養のあり方だ。

海野弘の文章は格式ばっていなくていつも読みやすいが、「おじさん・おばさん論」は特に平易な文章を心がけて書かれているように感じる。この本を海野弘という「おじさん」との出会いにして育っていく若い世代を意識していたのかもしれない。教養や知識を自由に楽しむためのきっかけとして。

（やまさき・まどか　コラムニスト）

本作品は二〇一一年に幻戯書房より刊行されました。

新版 思考の整理学　外山滋比古

「東大・京大で1番読まれた本」で知られる〈知のバイブル〉の増補改訂版。２００９年の東京大学での講義を新収録し読みやすい活字になりました。

質問力　齋藤孝

コミュニケーション上達の秘訣は質問力にあり！これさえ磨けば、初対面の人からも深い話が引き出せる。話題の本の、待望の文庫化。（斎藤兆史）

整体入門　野口晴哉

日本の東洋医学を代表する著者による初心者向け野口整体のポイント。体の偏りを正す基本の「活元運動」から目的別の運動まで。（伊藤桂一）

命売ります　三島由紀夫

自殺に失敗し、「命売ります。お好きな目的にお使い下さい」という突飛な広告を出した男のもとに、現われたのは？（種村季弘）

こちらあみ子　今村夏子

あみ子の純粋な行動が周囲の人々を否応なく変えていく。第26回太宰治賞、第24回三島由紀夫賞受賞作。書き下ろし「チズさん」収録。（町田康／穂村弘）

ベルリンは晴れているか　深緑野分

終戦直後のベルリンで恩人の不審死を知ったアウグステは彼の甥に訃報を届けに陽気な泥棒と旅立つ。歴史ミステリの傑作が遂に文庫化！（酒寄進一）

向田邦子ベスト・エッセイ　向田邦子　向田和子編

いまも人々に読み継がれている向田邦子。その随筆の中から、家族、食、生き物、こだわりの品、旅、仕事、私……、といったテーマで選ぶ。（角田光代）

倚りかからず　茨木のり子

もはや／いかなる権威にも倚りかかりたくはない……話題の単行本に3篇の詩を加え、高瀬省三氏の絵を添えて贈る決定版詩集。（山根基世）

るきさん　高野文子

のんびりしていてマイペース、だけどどっかヘンテコな、るきさんの日常生活って？　独特な色使いが光るオールカラー。ポケットに一冊どうぞ。

劇画 ヒットラー　水木しげる

ドイツ民衆を熱狂させた独裁者アドルフ・ヒットラーとはどんな人間だったのか。ヒットラー誕生からその死まで、骨太な筆致で描く伝記漫画。

文化防衛論　三島由紀夫
「最後に護るべき日本」とは何か。戦後文化が爛熟した一九六九年に刊行され、各界の論議を呼んだ三島由紀夫の論理と行動の書。（福田和也）

三島由紀夫と楯の会事件　保阪正康
社会に衝撃を与えた1970年の三島由紀夫割腹事件はなぜ起きたのか？　憲法、天皇、自衛隊を論じたあの時代と楯の会の軌跡を追う。（鈴木邦男）

ロシア文学の食卓　沼野恭子
前菜、スープ、メイン料理からデザートや飲み物まで。「食」という観点からロシア文学の魅力に迫る読書案内。カラー料理写真満載。（平松洋子）

どうにもとまらない歌謡曲　舌津智之
大衆の価値観が激動した1970年代。誰もが歌えた「あの曲」が描く「女」と「男」の世界の揺らぎ――衝撃の名著、待望の文庫化！（斎藤美奈子）

中華料理の文化史　張競
フカヒレ、北京ダック等の歴史は意外に浅い。ではそれ以前の中華料理とは？　孔子の食卓から現代まで、風土、異文化交流から描きだす。（佐々木幹郎）

期待と回想　鶴見俊輔
「わたしは不良少年だった」15歳で渡米、戦時下の帰国、戦後50年に及ぶ『思想の科学』の編集……自らの人生と思想を語りつくす。（黒川創）

圏外編集者　都築響一
既存の仕組みにとらわれることなく面白いものを追い求め、数多の名著を生み出す著者による半生とともに「編集」の本質を語る一冊が待望の文庫化。

春画のからくり　田中優子
春画では、女性の裸だけが描かれることはなく、男女の絡みが描かれる。男女が共に楽しんだであろう性表現に凝らされた趣向とは。図版多数。

増補　エロマンガ・スタディーズ　永山薫
制御不能の創造力と欲望で数多の名作・怪作を生んできた日本エロマンガ。多様化の歴史と主要ジャンルを網羅した唯一無二の漫画入門。（東浩紀）

官能小説用語表現辞典　永田守弘編
官能小説の魅力は豊かな表現力にある。本書は創意工夫の限りを尽したその表現をピックアップした、日本初かつ唯一の辞典である。（重松清）

おじさん・おばさん論《ろん》

二〇二四年十二月十日　第一刷発行

著　者　海野弘（うんの・ひろし）
発行者　増田健史
発行所　株式会社　筑摩書房
東京都台東区蔵前二―五―三　〒一一一―八七五五
電話番号　〇三―五六八七―二六〇一（代表）
装幀者　安野光雅
印刷所　株式会社精興社
製本所　株式会社積信堂

ISBN978-4-480-44001-3　C0195

ちくま文庫